AK Trivia Book 50

기사의 세계

이케가미 슌이치 |지음   남지연 |옮김

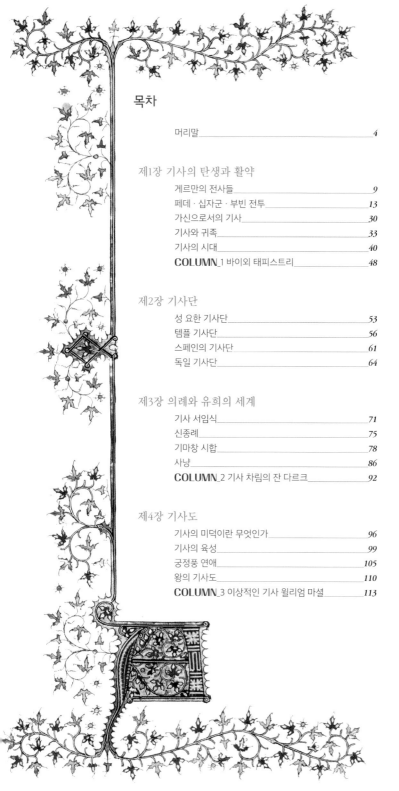

목차

머리말

'기사'는 서양 중세 사회의 꽃이다. 기사란 물론 말을 타고 싸우는 전사를 가리키지만, 단순히 그것만으로 기사라는 이름을 칭하기에는 부족하다. 그들 서양의 기사는 독특한 에토스(습속)와 자질을 갖춘 인간 유형이었다. 그들은 전장에서는 말과 한 몸이 되어 주군과 조국을 위해 용맹하고 과감하게 싸우며, 궁정에서는 교양 있는 풍류인으로서 귀부인을 깍듯이 모셨다. 거기다 '그리스도의 전사'이기도 한 그들은 교회와 그리스도교 수호에도 힘썼다. 그야말로 동경할 만한 이상적인 남성상이라 할 수 있다.

그러나 기사에 관해 더 자세히 알아보려 해도 그 실상은 좀처럼 파악하기 어렵다. 기사는 언제 어떻게 생겨났을까, 기사와 귀족은 같은 신분을 가진 사람이었을까, 실전에 참가하는 수도사들이 모인 기사단이란 어떤 것이었을까, 기사는 언제까지 전쟁의 주역이었을까, 문학에 묘사된 우아하고 용감하며 여러 미덕을 가진 기사란 정말 존재했을까……. 의문은 끝이 없다.

기사들의 생활·행동 규범이 된 '기사도'에 대해서도 누구나 한 번쯤은 들어보지만, 우리 현대인에게는 분명히 알 수 없는 점이 많다. 기사도란 문학의 세계 밖에서는 그저 겉치레에 불과하며, 실은 난폭하고 거친 일상을 보내던 귀족들이 겉만 번지르르한 허울 좋은 이미지를 만들어 자신들의 활동을 정당화한 것이라고 주장하는 연구자조차 있다. 하지만 설사 그렇다 하더라도 그 '이미지'의 영향은 오래도록 살아남아 독자적으로 진화, 서양 문명과 하나가 되어 오늘날까지 명맥을 유지하고 있으니, 결코 무시할 수 없는 힘을 가졌다고 할 수 있겠다.

이 책에서는 서양 중세 세계의 주역인 '기사'의 역사적 역할에 관하여 일반 독자들이 널리 알 수 있도록 여덟 개의 장으로 나누어 설명한다. 다루는 시대는 중세(5~15세기)를 중심으로 하면서도 일부는 로마 시대로 거슬러 올라가고, 또한 뒤로는 근대의 사정도 언급한다. 기사가 처음 나타나 사라지기까지 정치·사회·종교 동향과 맞물려 전개한 다면적인 활동을 훑어보며, 특히 기사들이 서양의 상상계(想像界)에 침투하여 살았던 사실이 위대한 활력이 되는 동시에 한계를 긋기도 했음을 명확히 하고자 한다.

본론으로 들어가기 전에 시대 구분에 관해 한 가지 짚고 넘어가고 싶다. 약 1000년에 걸친 중세를 셋으로 나누어 대략 5~10세기를 '중세 초기', 11~13세기를 '중세 성기(盛期)', 14~15세기를 '중세 후기'라고 부른다. 또한 중세 말기란 14세기 후반 이후를 말한다. 이 구분은 정치·사회 체제, 경제 상황, 문화와 종교의 특징에 착안한 것이다. 당연히 유럽 내부에서도 나라나 지역별로 발전 차가 있고, 연구자에 따라 다소 어긋나기도 한다. 하지만 이 책에서는 대체로 위에 서술한 바와 같이 구분하고 있다.

제1장
기사의 탄생과 활약

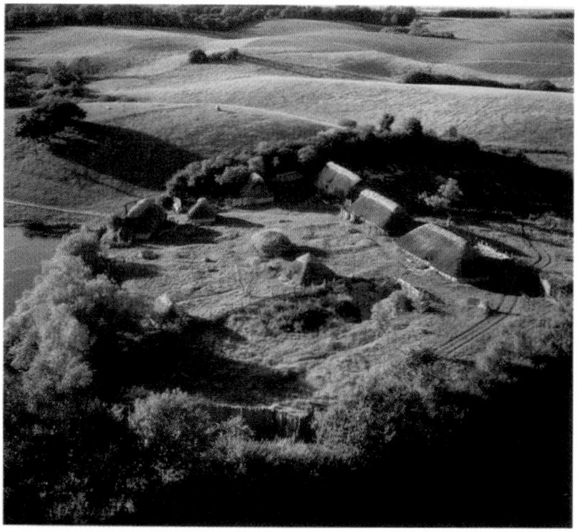

✤ 고고학적 연구를 바탕으로 재구성한 원시 게르만인 마을. 소가 끄는 쟁기로 밭을 일궜으나, 표층밖에 갈리지 않아 악천후 등으로 쉽게 흉작이 되었다.

세계의 역사를 살펴보면 말은 농작업, 마차의 견인, 나아가 때로는 식용으로도 이용되어왔다. 그러한 용도와 더불어 말을 타고 싸우는 병사의 모습도 상당히 이른 시기부터 나타난다. 서양 세계에서는 이를테면 카르타고의 장군 한니발(기원전 247~기원전 183/182년)과 마케도니아의 알렉산드로스 대왕(재위 기원전 336~기원전 323년) 등이 경쾌하게 움직이는 기병을 중시하였으며, 아시아에서는 중앙아시아의 유목 민족은 물론 중국 전국 시대의 조(趙)나라와 진(秦)나라가 기병대를 운용하였다. 그러나 이러한 마상의 전사를 일률적으로 서양의 '기사'와 동일시할 수는 없다. 서양의 기사는 단순히 말에 올라탄 전사가 아니라 독자적인 신분, 주종 관계, 습속을 두루 갖춘 집단적 존재였기 때문이다. 그렇다면 그들 서양 기사의 기원은 어디에 있을까.

게르만의 전사들

서양에서 본격적인 '기사'는 11~12세기 탄생하였지만, 그에 앞선 모델이 없지는 않았다. 그것은 로마의, 아니 그보다도 게르만의 병사들이다.

로마에도 '기사(기병)' 신분이 있었다. 공화정기 로마의 군단은 기병과 보병으로 나뉘었는데, 일정액 이상의 재산을 가진 시민, 특히 귀족들이 기병으로서, 그 밖의 시민이 보병으로서 등록되어 있었다. 물론 기병은 보병보다 신분이 높고 정치적 권리도 컸으나, 당시 전쟁의 주력은 어디까지나 보병이었으며 기병의 역할은 보병들의 결전을 대비한 경계, 지세와 적의 동태 탐색이었다. 이윽고 기병 전력이 감퇴하면서 실전에서는 게르만인 동맹 부족의 기병이 그 자리를 메웠고, 로마 기병은 명목적인 존재가 되어갔다.

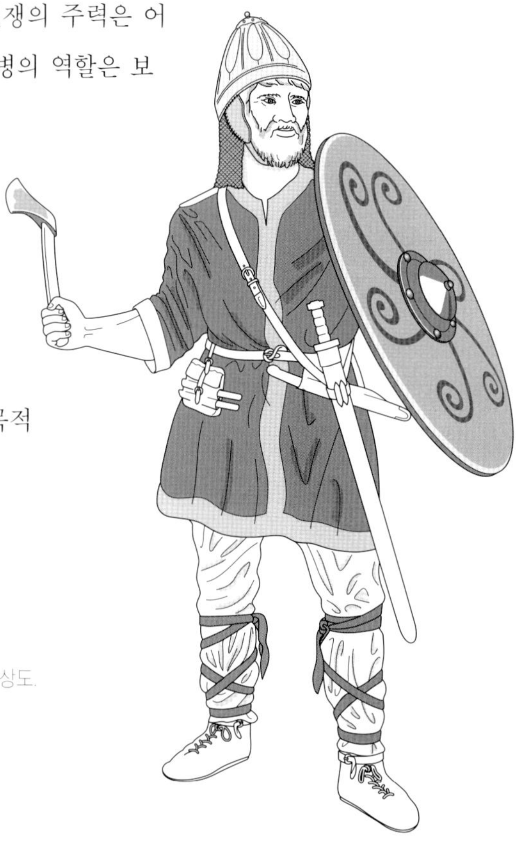

✠ 6세기의 무장한 프랑크인 귀족 상상도.

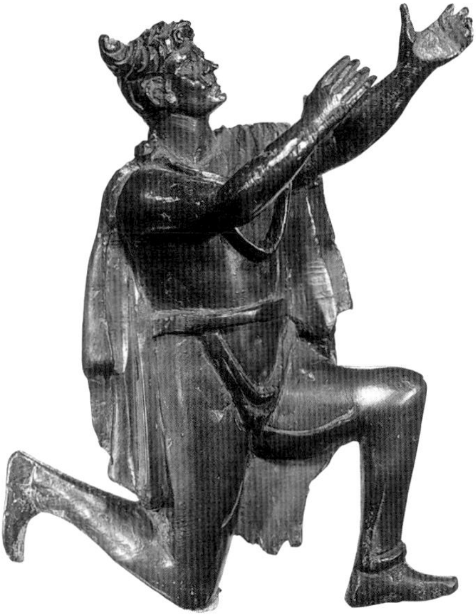

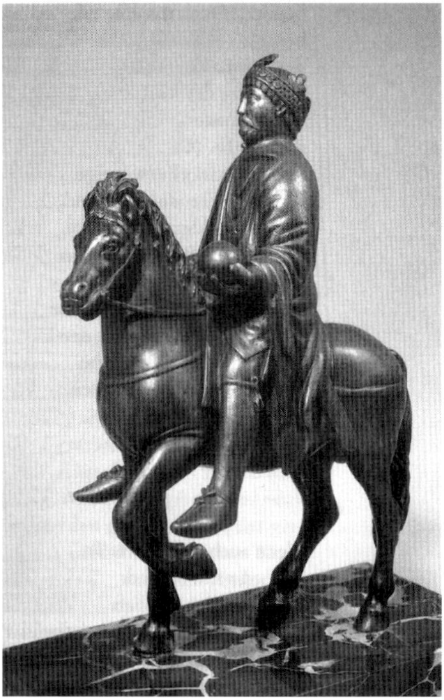

✠ (왼쪽)로마인이 제작한 게르만인상. 바지, 벨트, 케이프(어깨걸이)가 특징적.
✠ (오른쪽)카롤루스 대제의 청동상. 왼손에는 보주를 들고 있다.

한편 게르만 민족 사이에서는 당초 보병이 중심이었고 기사는 부수적이었으나, 시간이 흐르면서 고트인, 알레만니인, 랑고바르드인, 아바르인 등 사이에서 기병은 —스키타이인, 사르마티아인, 훈족 등의 영향으로— 그 수가 증가하였다. 그리고 기병군이 갖은 전투에서 눈에 띄게 중요한 역할을 하게 되었다. 다만 게르만인들의 사회에서는 로마와 달리 기병이 일반 보병 전사에 비해 특별히 높은 신분을 갖지는 않았던 듯하다.

게르만 병사들이 서양 중세 기사에 미친 영향 가운데 또 하나 중요한 것은 그들이 종사(從士)로서 수장에게 몸을 의탁하고 봉사했

✠ 안토니누스 피우스 황제(재위 138~161년)의 기념주(記念柱)에 조각된 로마의 보조 기병들. 박차 없는 말안장 깔개에 걸터앉아 있다.

다는 점이다. 종사 대부분은 호전적이며 명예를 중시하는 귀족 또는 자유민으로, 수장은 그러한 부하 집단에 둘러싸임으로써 자신의 위엄과 권력을 과시할 수 있었다. 따라서 수장은 종사들을 부양하고자 광대한 토지를 소유하였다. 또한 주종은 상호 간 충성을 서약하였는데, 이러한 관계가 훗날의 봉건적 주종 관계로 이어지게 된다.

이렇게 살펴보면 로마 기사보다 오히려 게르만 전사가 습속이나 주종 관계는 물론 실전 형태 면에서 중세 기사의 조상이 되었음을 알 수 있다. 그들은 말을 숭배하여 때로는 왕족의 무덤에 함께 매장하고, 무기 특히 검에 신성성을 부여하였는데, 이러한 말과 검에 대한 숭경도 중세 기사와 통하는 면이 있다.

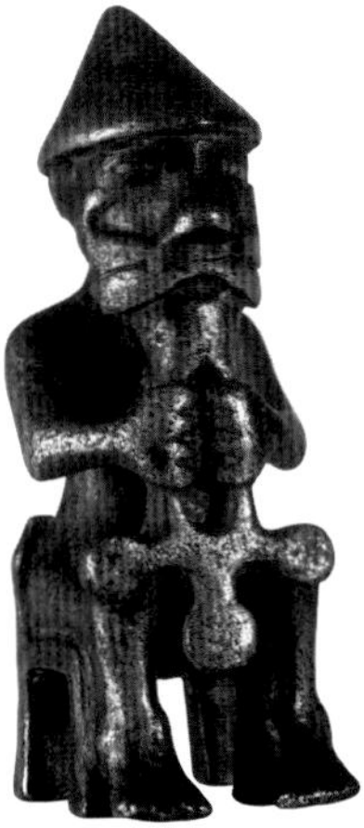

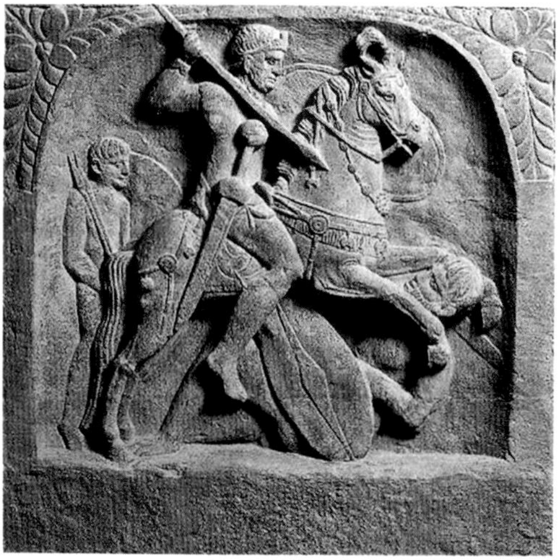

✠ (왼쪽)망치를 든 토르 신상. 이 신은 특히 게르만 농민들에게 사랑받았다.
✠ (오른쪽)쾰른에서 출토된 1세기 로마 기사(기병) 플라비우스 바수스의 묘석.

중세 초기의 패자(霸者)가 되는 프랑크족은 게르만인 가운데서도 기병 채용이 가장 늦었다. 분명 메로빙거 왕조 시대부터 기사는 존재했지만, 군의 주체는 아직 보병이었다. 그러다가 카롤링거 왕조의 카롤루스 대제(재위 768~814년)가 기병대에 크게 중점을 둔 것을 계기로, 이전까지 주체였던 보병군 대신 중무장 기사가 처음 주역이 된다. 이는 카롤루스가 방위해야 했던 그리스도교 세계가 말을 활용하는 사라센인, 노르만인, 아바르인에게 계속해서 위협당했던 사실과 관계가 있다. 재위 기간 중 끊임없이 전쟁을 치르던 카롤루스는 고도로 훈련된 군대의 필요성을 통감하고, 기병을 중심으로 한 군대의 엄격한 조직화를 수행한 것이다. 그리고 칙령으로 귀족 혹은 12망스(망스는 농민 일가족 유지에 필요한 표준적인 토지 보유 단위) 이상의 토지 소유자는 모두 갑옷과 투구, 방패, 말 및 공격 병기를 각자 마련하여 군대에서 기병으로 종군해야 한다고 규정하였다.

소수정예의 중무장 기병이 활약한 카롤루스의 군을 비롯하여, 카롤링거 왕조 시대의 기사들은 보병을 뛰어넘는 강력함으로 적을 위협하였으나 아직 그 수는 적었다. 더구나 승마 기술과 장비·무기 면에서도 개발이 아직 그다지 진행되지 않아, 그들은 종종 말에서 내려 싸우기도 했다. 기사가 전쟁의 주역이 되는 데는 11세기 후반까지 시간이 필요했다.

무엇보다 먼저 말에 장착하는 각종 마구의 탄생·개량이 기사의 활약에는 불가결했다. 우선 중세 초기에 보급되기 시작한 것은 '등자'이다. 이러한 마구의 개량에 관해서는 제6장에서 서술하겠다.

페데 · 십자군 · 부빈 전투

봉건 귀족들은 영지를 소유하고 경영함으로써 이익을 얻는 동시에, 전쟁을 통해서도 수입을 얻었다. 특히 영지를 상속받지 못하는 차남·삼남들에게는 오직 전쟁만이 '일'이라 해도 과언이 아니었다. 그것은 일종의 지하경제를 구성하여 귀족들의 생활을 실질적으로 지탱하였다.

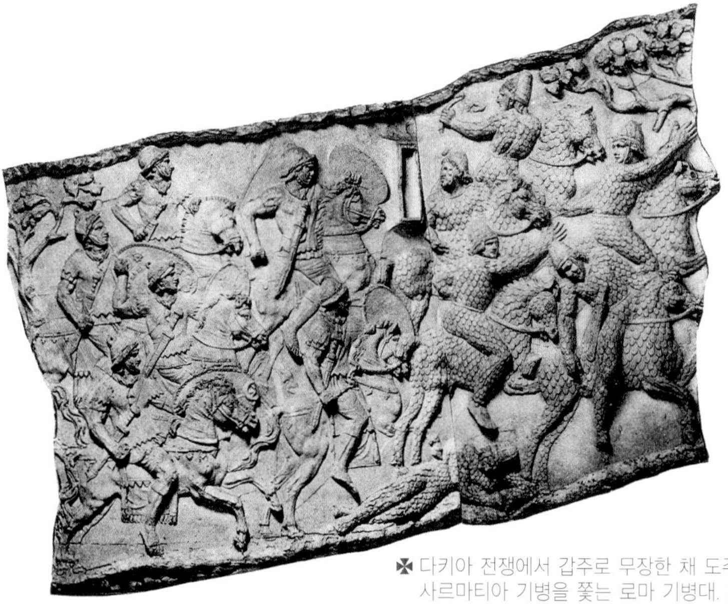

✠ 다키아 전쟁에서 갑주로 무장한 채 도주하는 사르마티아 기병을 쫓는 로마 기병대. 2세기 초반, 로마에 있는 트라야누스 원주의 조각.

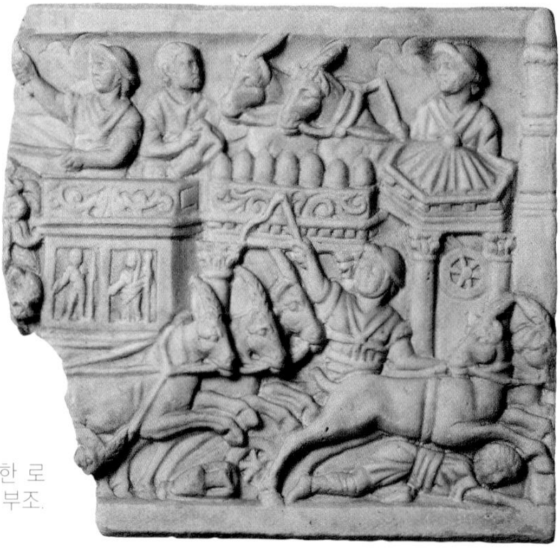

✠ 마차 경주를 묘사한 로마 시대의 대리석 부조. 서기 300년경.

이러한 상황에서 카롤링거 왕조가 붕괴한 뒤 기승을 부린 것이 이른바 페데였다. 페데란 '사투(私鬪)'를 말하는데, 각 가문에서는 일족이 피를 흘리면 그에 대해 복수=혈수(血讐)를 하는 것을 의무로 여겼기 때문에, 복수극은 연쇄에 연쇄를 일으켜 언제까지나 끝나지 않는 경우가 많았다. 공권력이 존재하지 않거나 약했던 시절에는 개인에 의한 제재=복수가 적법하다고 생각되었던 것이다. 그래서 카롤링거 왕조 붕괴 후의 공권력 공백 기간, 봉건제의 틀이나 조정 장치가 미발달했던 그 시기에는 소유권을 둘러싼 분쟁이 끊임없이 페데를 발생시켰다.

페데에서는 귀족=기사들이 가문의 명예를 걸고 서로 싸울 뿐만 아니라, 교회·수도원의 토지 재산을 빼앗기도 하였다. 또한 토지를 유린당한 농민, 그리고 혼란에 휘말린 빈민·여성의 피해가 매우 컸다. 혼란과 무질서가 특히 두드러졌던 남프랑스에서는 10세기 말에서 11세기 초두에 걸쳐 교회 주도로 '신의 평화', '신의 휴전' 운동이 일어나, 민중은 귀족들에게 속죄를 촉구하고 어느 정도 그들의 폭력 행사를 억제하는 데 성공한다. 그 밖에도 각지에서 비제도적이나마 귀족 간, 또는 귀족과 수도원 등 간에 분쟁 해결·합의 형성을 목표로 하는 중재와 의례가 이루어졌음을 기억해 두자.

중세 전쟁의 경우, 반드시 사망자가 많았던 것은 아니다. 아니, 기사들이 싸움의 중심이었던 초기에서 중세 성기에 걸쳐서는 몸값을 받기 위해 포로를 잡는 것이 전쟁의 최대 목적이었기 때문에

✖ 자신의 빌라를 떠나는 반달인. 5세기. (대영 도서관 소장)

오히려 사망자가 적었다. 물론 반항적인 상대는 징벌을 목적으로 죽이거나 손발을 자르는 등 잔인한 형벌을 가했고, 해방하면 보복 당하지 않을까 우려하여 목숨을 빼앗기도 했으며, 정복한 토지의 여성을 능욕하는 일도 없지는 않았다. 하지만 대부분의 경우에는 전쟁에서 붙잡은 적의 목숨을 살려 몸값을 지불할 때까지 투옥해 두었다. 그리고 포로에 대한 학대는 있을 수 없는 행위로 여겼다. 12세기 노르망디의 연대기 작가 오르데리쿠스 비탈리스는 몸값을 지불하겠다는 의사를 모두 거부하고 300명이 넘는 포로를 감옥 안 에서 굶주림과 추위에 죽게 만든 로베르 드 벨렘의 소행을 강하게 비난하고 있다.

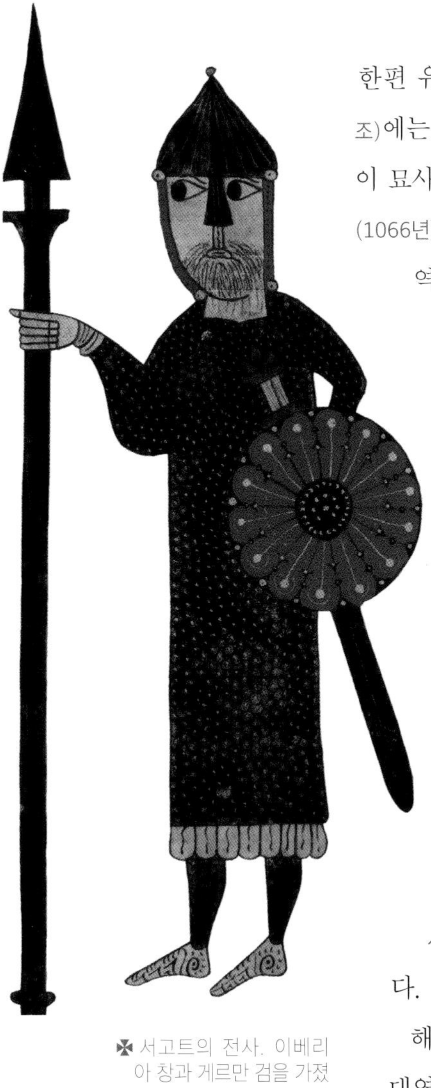

✠ 서고트의 전사. 이베리아 창과 게르만 검을 가졌으며, 투니카는 로마 군단(레기온)의 제복. 12세기 초반. (대영 도서관 소장)

한편 유명한 바이외 태피스트리(칼럼1 참조)에는 노르만인의 잉글랜드 정복 모습이 묘사되어 있다. 바로 헤이스팅스 전투(1066년)이다. 이 전쟁에서 기사는 어떠한 역할을 하였을까. 사실 이 전투야말로 서양의 왕후귀족들에게 기사의 위력·우위를 입증하고 인지시킨 중요한 전쟁이었으며, 실제로 14세기 초반의 쿠르트레 전투(프랑스 기사군이 도시의 보병에게 패한다) 전까지 그 우위가 흔들리는 일은 거의 없었다. 그렇다고는 하나, 잉글랜드 남안에서 벌어진 헤이스팅스 전투가 잉글랜드 왕 해럴드군(=보병)에 대한 노르망디 공작 윌리엄군(=주로 기사군)의 낙승으로 끝난 것은 아니었다.

해럴드군은 처음 매우 효과적인 밀집대열을 취하고 있었다. 노르만군이 궁병·중기병·경기병 등 3종의 병사로 구성된 3개의 종대를 이루고 공격했으나 돌파하지 못했다. 거기다 여러 차례 공격을 되풀이하는 사이 윌리엄(훗날의 정복왕 윌리엄, 재위 1066~1087년)군의 좌익 병사들이 기세에 밀려 무너지면서 해럴드군의 우익이 앞으로 진출해왔다. 그때 윌리엄은 의도적으로 전군을 퇴각시킨다. 해럴드군이 그것을 쫓아와 밀집 대열이 무너지자, 윌리엄군의 기병이 돌격하여 적을 짓밟았다. 그 후에도 해럴드군은 쉽게 허물어지지 않고 몇 차례 기병의 공격을 견뎠지만, 노르만군 궁병이 쏜 화살이 해럴드 왕의 눈을 꿰뚫으면서 공황 상태에 빠져 완전히 붕괴하고 만다. 어찌 되었든 이 전투 이후 전사들 사이에서는 기병·기사의 힘에 대한 신뢰가 단숨에 고조되었다. 윌리엄군 이외에도 노르만인은 기병 공격에 뛰어나, 이를테면 로베르 기스카르(1015~1085년)는 기병을 효과적으로 활용하여 시칠리아·남이탈리아를 정복하였다.

＋ ＋

　이어서 십자군에 관하여 살펴보자. 십자군은 그리스도교 세계가 총동원된 대규모 전쟁으로서 기사들이 크게 활약했다고 알려져 있다. 실제로는 어땠을까.

　이교도에게 위협받는 예루살렘을 구하자며 교황 우르바누스 2세(재위 1088~1099년)가 기사들에게 구원을 호소한 것은 1095년 프랑스의 클레르몽에서였다. 지금은 같은 편끼리 싸우거나 약자를 괴롭힐 때가 아니며, 동방의 그리스도교도를 구원하여 하늘의 영광을 나타내야 한다. 이는 신을 위한 전쟁이다……. 이러한 교황의 메시지는 열렬한 반향을 불러일으켜 기사들은 앞다투어 십자군 휘장을 어깨에 달고 참가를 맹세했다. 토지가 없는 기사는 전리품을 기대할 수 있었으므로 반드시 종교적 동기로만 참가한 것은 아니었지만 말이다.

우르바누스 2세의 호소는 가난한 민중에게도 커다란 영향을 끼쳐, 농민들은 기사들보다 앞선 1096년 8월 중순 예루살렘을 향해 출발하였다. 물론 종교적 열의는 있어도 거의 맨손인 그들은 군사적으로 패배할 운명이었다. 하지만 머지않아 제후들이 이끄는 기사단이 진군한다. 현재 짐작하기로 제1차 십자군의 병력은 3만 5,000~3만 6,000명 남짓으로 추정되며, 그 가운데 기사와 보병의 비율은 1대 7로 여겨진다. 즉 주력을 이루는 기사군은 4,300 내지 4,500명이었고, 그것이 4개 군단으로 나누어져 있었다.

전투 형태에는 야전과 공성전이 있는데 기사가 크게 활약하는 것은 물론 야전으로서, 무구로 무장한 마상의 기사가 집단적 연대와 스피드로 적진을 돌파, 포위, 교란시킴으로써 상대를 압도하고 승리를 쟁취하게 된다. 십자군에서도 그대로였다. 기사들은 먼저 장창을 내밀어 돌파를 시도한 뒤 장검으로 백병전을 벌였다. 이와 같은 기사들의 군대는 거듭된 실패와 내분을 극복하고, 1099년 7월 마침내 예루살렘을 점령한다. 그리고 이틀간 계속해서 이슬람교도를 학살하였다.

✠ 십자군 전쟁에서 벌어진 십자군 병사와 사라센인의 싸움. 클레르몽페랑 대성당, 생조르주 예배당의 프레스코화. 13세기 말.

✠ 프랑스의 십자군 병사. 크레사크 템플 기사단 예배당의 12세기 벽화.

전투에는 기병과 함께 보병이 참가하였는데, 그들은 기병의 몇 배에 이르렀다. 게다가 기병이라고 항상 활약했던 것이 아니라, 정작 포위전에서는 중기병의 장비가 도움이 되지 않았으며 오히려 투석기와 성벽을 무너뜨리기 위해 철로 보강한 거대 공성 망치, 또한 이동식 망루에서 활·쇠뇌를 쏘는 사수가 중요했다. 거기다

튀르크 기병은 정면으로 부딪쳐 싸워주지 않고, 신출귀몰하게 움직여 프랑크군을 에워싼 채 창으로 찔러 견고한 대열을 무너뜨린 뒤, 뿔뿔이 흩어진 적을 공격하는 수법으로 십자군 병사를 크게 괴롭혔다.

전쟁에서 기사의 영향력이 커지는 것은 11세기 중반 이후 그야말로 이 십자군의 시대로서, 특히 서로 진을 치고 벌이는 조직적 회전(會戰)에서는 기마대가 더없이 중요했다. 그렇지만 보병과 궁병, 공성 전문가(기술자, 목수, 공병) 없이 기사는 전혀 활약하지 못하며, 방어든 공격이든 그들이 있기에 안전한 퇴각 기지를 형성하고 기사가 승리를 굳힐 수 있었음을 기억해야 한다. 십자군 원정이 거듭될수록 말의 수, 그리고 기사군의 질도 향상되었으나, 그것이 십자군의 성공으로 이어진 것은 아니었다. 제2차 이후의 십자군은 모조리 실패했다고 보아도 무방하기 때문이다.

그런데 서양의 기사란 그리스도교를 빼고는 논할 수 없다. 그들에게는 그리스도교의 윤리·도덕이 큰 영향력을 행사한다. 교회는 기사들에게 교회와 그리스도교를 위해 헌신해야 한다고 호소하며, 그를 위해 목숨을 바치면 천국은 약속되어 있다고 계속해서 설득했다. 기사가 성직자와 여성·약자를 보호하는 것은 당연하지만, 거기에 더해 교회의 적, 특히 교황청의 적을 토벌하는 임무도 부과되었던 것이다. 이를테면 11세기 후반 이탈리아 남부에 세력을 뻗치고 교황과 대립하던 노르만인 등이 초기의 대표적인 '적'이었다. 이러한 사고방식은 교황에 의한 교회 개혁 운동, 세속으로

✤ 십자군 상상도. 한가운데 흑마를 탄 이슬람교도가 왼쪽의 서방 그리스도교도군과 동방 그리스도 교회에 속하는 것으로 추정되는(혹은 사제 요한의) 오른쪽 군대에 협공당하고 있다. (바티칸 도서관에 소장된 14세기의 사본에서)

✤ 1187년 7월 4일의 하틴 전투. 살라딘이 '성십자가(聖十字架)'를 붙잡고 있다. 세인트 올번스 수도사 매튜 패리스가 상상한 픽션 장면. (케임브리지 대학교, 코퍼스 크리스티 칼리지, 파커 도서관에 소장된 사본에서).

부터 독립하겠다는 야망과 얽혀 스페인에서의 '성전(聖戰)', 나아가 동방의 '십자군'으로 발전해간다. 교황들은 성전 참가자, 특히 교황을 위해 그 기치 아래서 싸우는 사람들에게 영적인 약속을 해주었다.

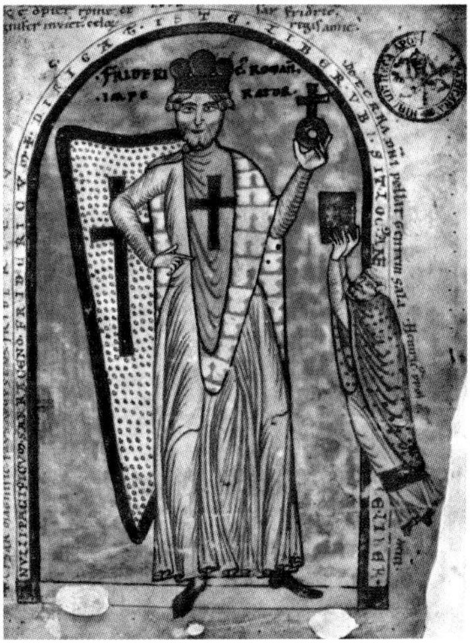

✠ 십자군 병사의 복장을 한 독일 황제 프리드리히 1세가 제1차 십자군에 관한 랭스의 로베르의 역사 서술 사본을 받고 있다. 1188년경의 광경.

교회는 처음 기사를 전혀 긍정적으로 평가하지 않은 채, 그들을 폭력적이고 평화를 어지럽히며 약탈을 일삼는 데다 질서를 흩뜨리고 약자를 괴롭히는 발칙한 자들로 여겼으나, 기사들의 사회적 영향력을 무시할 수 없게 되자 그들을 감화시키고 컨트롤하여 교회의 이해에 들어맞도록 이용하려 하였다. 세속의 기사를 교회의 수호자='그리스도의 전사'이자 교황의 오른팔인 '성 베드로의 전사'로 변신시키려 한 것이다. 그래서 십자군이 시작되자마자 교황은 참가자에게 면죄부를 주고, 또한 옛 기사와 새로운 기사를 이념적으로 나누는 전략을 채용하였다. 이리하여 서로 목숨을 빼앗으며 이교의 풍습에 물들어 있던 자들이 싸움을 통해 신의 은총을 입고 구원받는 길이 열린

✚ 1190년의 아코 공방전에서처럼 도시 공략을 돕는 여성들. (대영 도서관 소장 사본에서)

것이다. 구령(救靈)을 위해 세속을 떠나 수도사가 될 필요 없이, 원래대로 전투에 힘쓰기만 하면 되는 일이니 그리 어려운 일이 아니었다.

853년 사라센인이 로마를 위협하였을 때 교황 레오 4세(재위 847~855년)는 '조국'과 '그리스도교 세계'를 위해 싸우다 죽은 사람들은 신이 틀림없이 하늘로 맞아줄 것이라고 호소하였는데, 거기에서 이미 십자군 면죄부에 대한 발상이 엿보인다. 10세기의 교황·주교용 전례 정식서(定式書)에는 이교도 토벌을 위해 수호되어야 할 깃발을 축복하는 특별한 기도문이 실려 있었으며, 비슷한 시기에 전사의 검을 축복하는 전례도 생겨났다. 또한 이 같은 이교도 침입 시기에는 전사 성인, 특히 성 미카엘 숭경이 확산되었다.

귀족은 그리스도교식 기사 서임 의례를 통해 기사='그리스도의 전사'가 되었고, 이후 교회를 위해 헌신할 의무가 주어졌다. 따라서 기사 서임식이야말로 십자군을 준비하는 과정이었다고 주장한 연구자도 있었다. 하지만 사실 기사도 이데올로기는 11세기 말 시점에서 아직 형성되지 않았으며, 검과 깃발을 축복하는 전례적 정식도 기사 전체가 아닌 당시 극히 일부의 특별한 교회 수호자를 대상으로 하였다. 그러므로 십자군을 기사도의 연장으로 파악하는 것은 맞지 않는다. 기사도 이데올로기가 먼저 나타난 결과 십자군 전쟁이 이루어진 것이 아니다.

오히려 반대로 신의 수호와 인도를 받는 '그리스도의 전사'라는 관념은 땅의 예루살렘과 대비된 하늘의 예루살렘의 이미지와 함께 십자군 이후 기존의 애매성을 탈피하여 한층 명확한 비전과 목적을 지니게 되었다고 보는 것이 타당하다.

이 '그리스도의 전사'를 정당화하고 매우 높이 칭송하기로 유명한 것이 시토회 수도사이자 12세기의 거두 성 베르나르(1090~1153년)가 쓴 『새로운 기사를 찬양하며』(1129~1136년)이다. 성 베르나르는 여기에서 템플 기사단에 관하여 논하였는데, 그 자신이 귀족 출신인 점도 있어 기사와 수도사라는 이대 신분의 소명을 결합하려 시도하였다.

성 베르나르는 이 논고 안에서 템플 기사단과 퇴폐적이고 사치스러운 기사들을 구별한다. 그리고 템플 기사단은 스스로를 금은

✚ 제5차 십자군. 1218년 6월 다미에타 밖에서 프랑크군과 이집트군이 격돌하였다. 매튜 패리스 『대연대기』(1255년경) 사본에서.

으로 치장하지 않고 내부의 신앙과 외부의 갑주로 무장하는데, 이는 적들의 마음에 탐욕이 아닌 공포심을 심어주기 위함이라고 말한다. 또한 더 나아가 십자군 병사야말로 유일하고 올바른 기사도의 유형이라고 규정하며, 그들은 한결같이 종교적 열의에 불탄다고 이야기하고 있다.

베르나르에게 있어 성지란 그리스도교도의 것으로, 무슨 일이 있어도 되찾아야 한다고 생각했다. 신에게 반항하며 성지를 약탈하고 더럽힌 이교도를 무찌르는 것은 그리스도의 영적 싸움에 가담한다는 말과 같은 뜻이며, 이는 그리스도교도의 새로운 사명이기도 하였다. 그들은 말하자면 구약 성서의 예언자가 남긴 예루살렘 회복에 관한 예언을 실현할 선택받은 백성이었던 것이다. 신전은 예전의 위대함·위엄을 잃었지만 수도사=병사는 새롭게 나타난 영적 아름다움·장식이라 할 수 있었고, 그것은 그들의 전례, 우애 관계, 전투에 대한 열의에 있어서도 마찬가지였다.

성 베르나르의 논고 가운데 한 구절을 인용해보자.

그런고로 기사들이여, 망설임 없이 전진하라, 그리고 대담부적(大膽不敵)한 마음으로 '그리스도의 십자가의 적'을 격퇴하라. 그대들은 잘 알 터이다, '삶도 죽음도 그대들을 예수 그리스도 안에 계신 신에 대한 사랑으로부터 떼어놓지 못할'것임을. 어떠한 위험에 직면하든 마음속으로 다음 구절을 되뇌라, '사나 죽으나 우리는 주의 것입니다'라고.

전투에서 승리하고 귀환한 자들에게는 얼마나 큰 영광이 있을 것인가! 다만 전투에서 순교한 자들에게는 얼마나 큰 복이 있을 것인가! 용맹하고 과감한 투기자(鬪技者)여, 만약 살아남아 주 안에서 승리하면 기뻐하라. 다만 만약 전사하여 주 안에서 죽으면 더 많이 환희하라. 분명 삶은 많은 결실을 맺고 그 승리는 명예로울 것이다. 그러나 이처럼 거룩한 죽음은 그 모두를 능가함에 이론의 여지가 없다. '주 안에서 죽는 자들은 복이 있도다'하신다면, 주를 위해 죽는 자들에 관하여는 훨씬 더 그러하지 않겠는가?

기사가 특히 눈부시게 활약한 것은 1214년 7월 27일의 부빈 전투였다. 이것은 프랑스군이 황제 동맹군을 격파하여 이후의 프랑스 융성을 결정지은 중요한 전투였는데, 프랑스군 승리의 귀추를 결정한 것이 기사의 활약이었다.

　　이 전투에서는 1,300명의 기사를 거느린 프랑스 왕 필리프 2세(재위 1180~1223년)가 오토 4세(재위 1198~1215년) 지휘하에 1,500명의 기사가 참전한 플랑드르·독일 연합군을 맞아 싸웠으며, 각 군에는 그 네 배 숫자의 보병이 포함되어 있었다. 부빈 부근 마르크 강 상류에 펼쳐진 사면은 프랑스와 플랑드르의 경계로, 습지대에서 떨어져 있어 기병이 효과적으로 싸울 수 있었다. 게다가 필리프는 사전에 척후를 파견하여 상대의 동향, 전력, 진용, 각 부대의 특징 등을 살펴 정보를 수집하는 데 여념이 없었고, 군사 회의에서 나온 여러 유의미한 의견을 토대로 면밀한 작전을 세우기도 했다. 나아가 군은 충분한 휴식을 취하여 차분히 통제되었다. 요컨대 이것은 기사가 일련의 행동을 지배하는 기사도적 전투의 대표적인 예였다.

　　그러나 물론 말을 잃고 낙마하는 사람도 많았다. 양측 지휘관인 필리프와 오토도 앞장서서 과감하게 싸웠으며, 양 진영의 용사이자 명예로운 기사들이 죽음을 불사하고 용감한 싸움을 벌였다. 일례를 들자면 프랑스 왕 휘하의 생폴 백작 고셰는 무용이 뛰어난 기

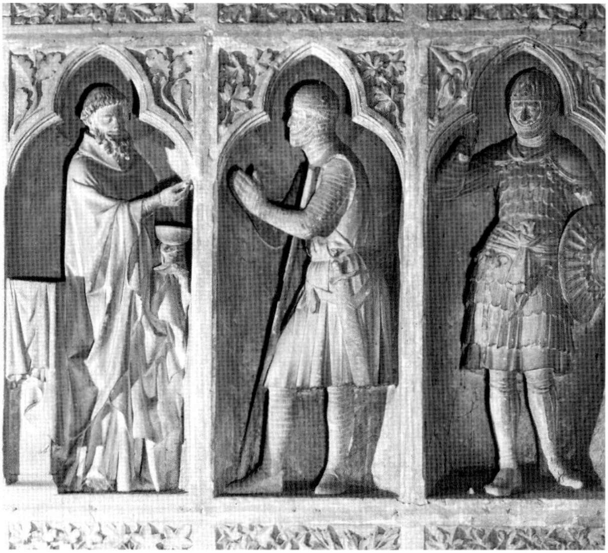

✠ 랭스 대성당의 조각에서. 기사가 성직자에게 영성체를 받고 있다. 기사는 그리스도의 전사였다.

사들을 이끌고, 마치 굶주린 독수리가 비둘기 떼를 향해 날아드는 듯한 기세로 적진을 뚫고 들어가, 희생을 치르면서도 전력을 기울여 많은 타격을 가했다. 고세의 담력은 한계가 없고 육체는 강건하여 주위의 적은 물론 도망치는 적까지 모조리 타도하였으며, 포로는 한 명도 잡지 않은 채 말과 인간을 가리지 않고 죽였다고 한다.

중세 말의 최대 회전인 백년 전쟁과 기사의 관계에 관해서는 제5장의 '백년 전쟁과 화기의 등장' 단락에서 서술하도록 하겠다.

가신으로서의 기사

카롤루스 대제 사후 카롤링거 왕조는 쇠퇴 일로를 걸어 중앙 권력이 약체화하는 한편, 먼저 종속적 제후령, 그리고 뒤를 이어 자율적 제후령—프랭시포테(공작령·제후령)—이 생겨난다. 게다가 하위 단위의 영주가 계속 자립하면서, 처음에는 백작령 여럿을 합친 정도의 크기이던 것이 다음에는 한둘 단위의 백작령, 그러다가 결국 10세기 말 이후에는 성주령이라는 식으로 갈라져 나왔으며, 본래 황제로부터 일대 한정으로 주어지던 재산과 특권을 상속하게 되었다.

이리하여 11세기 프랑스 왕국은 12개가량 되는 프랭시포테와 몇백을 헤아리는 성주령으로 세분화되어, 중앙 행정은 서서히 사적인 성격을 띠어간다. 그와 동시에 '지방' 권력인 샤텔니(성주령)가 11세기 초부터 사법적, 군사적, 행정적인 성격을 강화하였고, 결과적으로 11세기 전반 재치권(裁治權, 교회를 다스리는 권한-역자 주)의 상징이기도 한 '성(城)'이 급증하게 된다. 그들 대부분은 공권력과는 무관하게 대토지 소유자의 사적 주도로 만들어졌다.

프랑크 시대에 토지 소유에 근거한 지배자(제후·귀족들)는 사적 군대로 무장한 왕을 모방하여, 사병과 비호민들을 두었다. 그들이 바로 훗날의 봉건적 가신으로서, 우선 서약을 통해 주인과 엄격한 의무로 맺어진 뒤 주인의 '가문', '저택'에서 다양한 관리들과 더불어 파밀리아(일족, 가신)의 일원이 되었다.

프랑크 시대부터 이미 수장이 종사에게 은혜를 베풀어 나누어

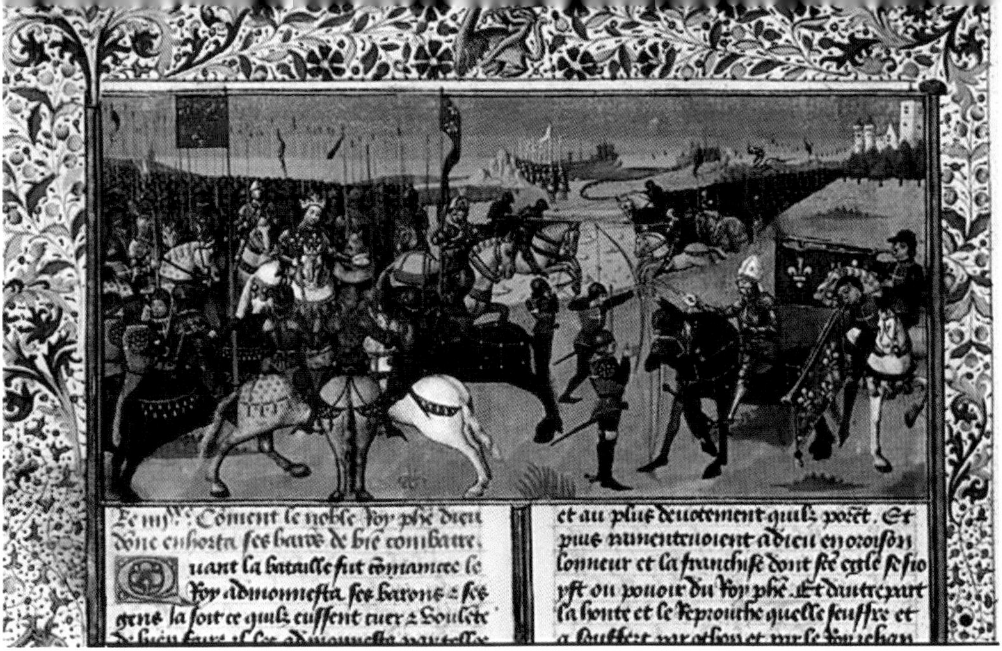

✠ 부빈 전투. 『프랑스 대연대기』의 사본 삽화에서. 15세기 초반. (프랑스 국립 도서관 소장)

주던 물품이 말이나 무기에서 주로 토지로 바뀌기 시작했다. 이를 은대지(恩貸地, 베네피키움)라 부른다. 가신은 영주를 섬기는 반대급부로 보호와 부양을 받았으며, 후에는 영지를 받는 대신 일정 기간 전쟁에 종군하는 등의 봉사를 하게 된다. 이것이 봉건적 주종 관계이다. 이리하여 1020년경에는 봉건적 주종 관계가 서양 세계 도처에 확산되고, 그것이 사회·정치 제도의 근간을 이루어갔다.

봉사에는 몇 종류가 있으나 가장 중요한 것은 군사적 봉사로, 무기를 들고 주군을 지원하며 필요에 따라 호위하거나 주군의 성을 지키기도 하고, 소집이 있으면 서둘러 달려가 군사적으로 보조하였다. 이어서 경제적 봉사로는 다음 네 경우의 금전 '원조'가 있었다. 그것은 ①주군의 십자군 출정, ②장자의 기사 서임식, ③장녀의 결혼, ④몸값을 지불하고 포로가 된 주군을 해방할 때이다. 또한 조언의 의무는 백작 법정(사법 회의)과 영주 법정(사법 회의)에 대한 참가였다.

앞에서 서술한 봉건적 군사 지원에도 몇 가지 종류가 있었다. 첫 번째는 '성채 경계'인데 종종 세금 납부(대납)로 대신하였다. 두 번째는 먼 지역에 대한 '기병 약탈전'으로 한정되던 군사 행동이며 이는 서서히 사라져갔다. 마지막 '군역 봉사'는 1년에 40일에서 60일간 복무하는 무보수 봉사였다.

이처럼 은대지 제도와 가신 제도가 결합하여 봉건 제도가 성립하고 확산되면서, 기사는 봉건 계층 가운데 한 자리를 차지하고 영주 재판권을 갖게 된다. 서기 1000년경 '기사=miles'라는 단어가 보급되기 시작할 당시에 그것은 말을 탄 전사를 가리켰다. 그러다 봉건제 성립기가 되면 기사는 영주 '가문'에 속하여 영주와 함께 영지와 통행인을 착취하는 자들을 지칭하게 된다. 나아가 11세기 들어서는 가신과 의미가 같아져, 성주를 모시는 병사=기사=가신이 된다. 그들은 자유농민을 무력으로 억압하며 봉건 시스템과 영지 제도를 강요하고 강제로 관습법=조세를 부과한 세속의 지배 계급이었다.

이렇듯 11세기는 성주와 기사의 발전기였다. 그리고 기사는 독자적인 사회 집단으로 인정받으며, 스스로도 그렇게 주장하기 시작한다. 또한 머지않아 그들의 생활 형태와 가치 체계도 독자적인 것으로 다듬어져갔다. 이러한 사회 집단으로서의 기사는 우선 귀족 '아래'에 위치하게 된다. 혈통적으로 귀족보다 명예가 뒤떨어지고 대영지도 소유하지 않은 데다 영주 재판권도 없는 사람들이다. 즉 주군으로서 가신을 소집하거나 명령을 내릴 수는 없었다. 하지만 그래도 그들은 기사로서 무기를 휴대할 권리가 있었으며, 무엇보다 말을 타고 싸우는 것이 허용되었다. 후술하듯 말은 고가로서 그것을 타고 싸운다는 것은 우월성, 위광의 상징이었다. 그래서 기사가 되는 것은 사회적 상승을 위한 좋은 수단으로 여겨지게 된다.

기사와 귀족

기사와 귀족 양자는 대체 어떤 관계에 있었을까. 상당히 어려운 문제이다. 중세 전체를 살펴보면 기사이면서 귀족이 아닌 사람이 있는가 하면, 귀족인데 기사가 아닌 사람도 있었다. 양자는 겹치는 경우가 많지만 결코 동일하지는 않다. 애초에 귀족은 세습으로, 혈연이 본질적 요소였다. 그러나 기사는 세습제가 아니었고 귀족에게 종속되는 입장이었다.

시대를 거슬러 올라가보자. 본래 '기사'라 부를 만한 것은 카롤링거 왕조 시대 초기의 중무장 기병 부대이지만, 그들은 엄밀한 군사적 범주에 속하는 집단으로서 전쟁 이외에는 특별한 권리·의무·표징을 가지지 않았다. 사회적으로는 대강 가신 가운데 하층에 자리한다고 할 수 있다.

봉건적 분열이 심해지던 10세기 말부터 기병은 차츰 독자적 사회층으로서 실질성을 갖추기 시작하여, 대귀족과 자유농민의 중간 위치를 차지하고 '기사'라 불리게 되었다. 이 단어는 또한 주로 귀족으로 이루어진 자유로운 '가신'을 가리키는 동시에, 여전히 보병과 대치된 기병이라는 의미도 가졌다. 이것이 12세기 중반까지의 상황이다. 그 시대의 '기사' 대부분은 자유민이지만 귀족은 아닌 사람들이었다. 그들은 토지를 소유하지 않거나 얼마 안 되는 토지만을 가지고 성주나 호족에게 신종(臣從)하였다.

그런데 기사가 되기 위해서는 투구, 사슬 갑옷, 검, 창 등을 자기 부담으로 장비해야 했으며, 또한 실전에 견딜 수 있도록 어릴 때부터 훈련을 쌓을 필요가 있었다. 그리고 전쟁 이외에 다양한 축제 행사에도 참가할 것이 요구되었다. 생활이 여유로운 귀족에게는 그것이 비교적 용이했다. 그래서 중세 세속 사회에서 군사적 요소가 중요해질수록 '귀족'의 특성을 나타내오던 여러 가지 용어가 '기사'로 수렴되었던 것이다.

귀족의 가계에서는 당초 모계가 중요했으나, 군사적인 면이 강해지면서 그보다 부계를 더 중시하게 된다. 또한 1000년경 새로운 인물군(기사)의 사회적 지위가 상승하여 귀족 하층부에 편입되어간다. 기사의 주체는 본래 귀족이라 해도 소귀족, 다시 말해 자신의 자산·권력 기반을 갖지 않고 종속적 지위에 있는 성주의 종속자들, 세대 급부를 받은 가신들, 또는 궁정에서 부양되는 가신들이었다. 하지만 기사도 귀족의 일원으로 인정받는 기회가 늘어나면서 11세기 중반에는 '기사'와 '귀족'이 동일시되는 경우가 잦아졌다.

✤ 노르웨이 발디숄 교회의 태피스트리 조각(12세기 초반). 5월에 전쟁에 나가는 기사. 무구와 마구를 갖추고 있다. 사람과 말의 활기찬 움직임을 묘사한 도안과 색의 대비가 매력적이다.

그러한 신귀족에는 종래 귀족의 분가·방계 출신자와 부유한 농민, 그리고 도시의 파트리치아(12·13세기 경제 발전으로 부유해진 상인들로 이루어진 도시 귀족) 출신자가 포함되었다.

유럽의 경우 빠른 곳에서는 11세기부터, 늦은 곳에서는 13세기, 아니 14세기 들어 귀족이 증가하는데, 그것은 자유농민과 직인(職人, 장인 밑에서 수습공의 과정을 끝낸 기술자-역자 주) 등이 돈을 모아 말과 장비를 갖추고, 주군에 대한 군사적 봉사를 통해 ―기사가 됨으로써― 귀족 계급 하부에 침투해 들어갔기 때문이다. 그들은 상위 신분 가문의 딸과 혼인을 맺는 관습을 이용해 자기 주인과 같은 계급으로 신분 상승하기를 기대할 수 있었다. 영주는 자신의 아들은 상위 신분 여성과 결혼시키고 싶어 했지만, 딸 혹은 친족 과부의 경우에는 자신의 종속자나 가신에게 주기를 꺼리지 않았다. 그렇게 함으로써 가신의 충실한 군사적 봉사를 기대할 수 있었기 때문이다.

이러한 신분 상승이 속출하는 한편으로 '기사'는 그 안에 보다 높은 신분의 사람도 함유하기 시작한다. 프랑스에서는 11세기 초반, 잉글랜드에서는 11세기 중반 이후에 높은 신분의 귀족이 기사가 되는 경우가 나타난 것이다. 우선은 성주층이 서임되다가 12세기 초반에는 대귀족, 나아가서는 왕과 황제까지도 기사를 자처하기에 이르렀다. 이렇게 해서 한편으로 전문직 기병인 낮은 신분의 기사가 있는가 하면, 다른 한편으로는 ─공식 직함으로서가 아니라─ 부속 칭호로서 기사를 자처하는 고위 신분의 사람도 존재하는 상황이 벌어졌다. 처음에는 고위 기사와 하위 기사의 서임식 규모나 화려함이 크게 차이 나는 등 양자가 확실히 구별되었으나, 점차 서로 어우러져 12세기, 그중에서도 후반 이후가 되면 동일한 에토스(기사도)를 가지고 궁정에서 함께 명예를 중시하는 우아한 생활을 보내려 한다. 이리하여 기사 전체의 고귀성이 높아지게 된 것이다. 기사가 일체화하는 데 반비례하듯 귀족은 분열한다. 귀족들은 10세기 말까지만 해도 자신들을 고귀하고 우수한 존재로 여기며 집단으로서 일체감을 느꼈지만, 11세기를 거치며 상하로 나누어진다. 그리고 그들은 출생, 혈통 등의 자격보다도 군사적 직무를 정체성의 기반으로서 더 선호하게 된다.

여기서 다시 한 번 봉건제와의 관련을 통해 기사를 살펴보자. 봉건제가 확산되자 기사는 주군에게 군역을 제공하는 가신의 의미를 띠어갔다. 즉 그것은 귀족의 자제이거나 성에 소속되어 제후·유력 귀족·성주를 모시는 기사층이었는데, 그들은 성인이 되면 신분 높은 과부와 결혼하거나 봉토 또는 상속을 받음으로써 소령(所領)을 얻어 독립하려 하였다. 12세기에는 전쟁에 참가하는 보상으로 가난한 준기사(準騎士)들에게 소령을 수여하고 기사로 서임시키는데, 이처럼 봉토 수여와 기사 서임이 일체화하면서 기사와 가신은 더욱 중첩하게 된다. 이 과정에서 기사는 그 수가 훨씬 증가하여 전 유럽으로 퍼져 나갔으며, 성과 기사=가신에게 주어지는 봉토도 일반화하였다. 그리고 이러한 확산을 통해 기사들 사이에 국제적 단체로서의 공통 의식과 공통 문화가 탄생한다. 그러나 12세기 중반에서 13세기 중반에 걸쳐 기사 생활을 유지하기 위한 비용이 늘어나자 본래의 전문 기사들과 자손이 그 직함을 포기하기 시작하면서, 기사는 오히려 귀족 가운데서도 상층 사람들과 동일시되기에 이른다. 경제적 이유로 '기사'가 되지 않은(되지 못한) 사람은 평생 '견습기사(종기사[從騎士])'에 머물렀다. 다만 '견습기사'에 상층 귀족 출신이면서 아직 서임되지 않은 젊은 ―혹은 가난한― 사람들이 대거 포함되자, 그 또한 기사 칭호의 일종으로 여겨지게 된다. 그에 반해 대부분의 토지 없는 기사와 그 자손은 견습기사 칭호마저 잃어버려, 기사는 완전히 귀족, 엘리트의 것이 되고 만다.

기사 계급 편입에 장해가 된 것은 12세기 말까지만 해도 재력 부족뿐이었다. 말과 무기를 직접 마련할 재력만 있으면 기사가 되는 문은 비교적 크게 열려 있던 것이다. 하지만 프랑스에서도 피카르디, 노르망디, 플랑드르, 샹파뉴 지방에서는 이미 12세기 말부터 기사=귀족이 되는 길을 막고 신분 상승을 허용하지 않았다. 독일에서는 그 경향이 더욱 심했다. 그것은 다음과 같은 사정이 있었기 때문이다. 독일에서는 왕후의 궁정에 딸린 가인(家人)=미니스테리알레스라는 부자유민들이 직접 왕과 제후를 섬기며 소령·재산 관리자, 행정·군사 담당자로서 일했는데, 그들이 지휘하는 군대가 12세기까지 독일군의 주력이었다. 가인은 본질적으로 군주의 무장 봉사자(하인)라는 지위였고, 프랑스의 '기사'처럼 높은 신분을 가지고 있지는 않았다. 즉 독일에서는 전사와 귀족이 프랑스보다 훨씬 늦은 시대까지 동일화하지 않았던 것이다.

그리고 13세기가 되면 법적 제한은 더욱더 엄격해져 유럽 전역에서 비귀족이 기사가 되는 길이 막히기 시작한다. 농민이나 성직자의 아들에게 기사 서임이 금지되거나, 선대에 기사가 있었음을 증명해야 하거나, 봉토를 적어도 4세대 전부터 가지고 있어야 하는 등의 요건이 법전과 관습법 또는 제정법에 의해 규정되었다. 그런데 독일에서는 또다시 반대 움직임을 보여, 미니스테리알레스는 왕후의 궁정에서 직무의 중요성을 인정받아 부자유 신분을 벗고 단숨에 귀족 신분으로 편입되어갔다.

한편 기사 신분을 수여하는 대귀족의 권리도 왕이 독점하게 된다. 왕은 그들의 기사 신분과 의무를 통제함으로써 자신의 권력 기반을 다지려 하였다. 왕이 기마창 시합을 규제한 것도 그 일환이었다. 왕의 기사 신분 장악 절차는 12세기 후반부터 시작되어 13세기 후반에 진전을 맞고 14세기에는 완성된다. 바야흐로 기사의 이상이 왕으로부터 비롯하게 된 것이다. 영국과 프랑스의 왕들은 대귀족들의 소령과 그 신분(공작, 백작 등)이 세습화되어도 새롭게 그 신분을 잇는 자를 정식으로 서임하는 것은 자신의 역할이라고 주장하였으며, 특히 기사 신분은 결코 세습되지 않아 왕은 계속해서 '명예의 원천'으로 존재할 수 있었다. 훗날 세속 기사단이 왕에 의해 창설되는 것은 이와 관계가 있다.

이와 같이 대귀족이든 소귀족이든 귀족의 아들만이 기사로 서임되는 풍조가 확산되자 더욱더 기사는 귀족과 같은 의미를 띠게 되지만, 반대로 귀족 모두가 기사로 서임되는 것은 아님에 주의할 필요가 있다. 다시 말하자면 기사의 일부가 귀족이었던 중세 초기·성기로부터 귀족의 일부가 기사인 중세 후기로 전체적인 경향이 바뀐 것이라 할 수 있다. 14세기부터 이 경향이 가속화한 결과 기사의 수는 줄어든다. 왜냐하면 기사 서임 의식이 호화로워져 비용이 증가한 데다 군사적 부담(책임)도 한층 더 무거워졌기 때문이다. 일설에 따르면 1300년에서 1500년 사이 기사 서임을 받은 귀족의 수는 3분의 1에서 20분의 1까지 줄었다고 한다. 반대로 '견습 기사'에 머무르는 귀족이 늘어났고, 전사로서 경험을 쌓으며 명예

를 높이고자 하는 사람, 그럴 만한 재력이 있는 사람만이 서임을
받았다. 기사는 차츰 명예 칭호가 되어 아무나 손에 넣을 수 없게
되었다.

기사의 시대

기사들이 실제로 전쟁에서 대활약하고 사회적으로도 큰 존재감
을 나타낸 것은 중세 성기, 즉 11~13세기였다. 그렇다면 이 시대
유럽은 어떠한 상황이었고, 그곳에서 기사들은 어떤 위치에 있었
다고 보는 것이 좋을까. 독일과 프랑스를 중심으로 생각해보자.

먼저 정치적·군사적 측면에서 살펴보면 독일(신성 로마 제국)에서
는 이민족이 침입하는 가운데서도 국가 재건을 시작하고 있었다.
다른 부족 공작에 대해 군사적 행동을 일으켜 승리를 거둬온 작센
부족 공작(리우돌핑거 가문) 오토 1세(독일 왕국 재위 936~973년)가 962
년 황제 대관을 받는 한편 이탈리아에 진출하고(이탈리아 정책) 그 후
에는 부르군트 왕국도 제국에 편입하였으나, 독일 국왕(황제)은 선
거를 통해 뽑힌다는 불안정성이 있었으며 반대 세력도 꾸준했다.
또한 이탈리아는 종종 정세가 불안해졌다.

11세기 후반부터 12세기 초반에 걸쳐 서임권 투쟁으로 교황과
충돌하기에 이르자 독일 국왕(황제)의 권위·권력은 더욱 실추되고
만다. 페데가 속출하여 평화가 멀어졌으며, 제후·귀족들은 영지
에 성을 쌓고 관직을 이용해 봉토를 축적함으로써 지배를 확대해

갔다. 국왕(황제)은 성속제후(聖俗諸侯)와 렌 관계(봉건법에 의해 규정된 주군과 가신의 관계)를 맺고 형식적이나마 어떻게든 국가(제국)의 체재를 유지하였으나, 실제로는 머지않아 재판권뿐만 아니라 관세 징수권, 화폐 주조권 등도 제후에게 넘어갔다. 그리고 그들의 지배 영역인 영방(領邦)이 최고 주권 영역이 되었으며 국정은 국왕 직속 제국 제후들에게 좌우되었다.

1180년 프리드리히 1세(재위 1152~1190년)는 재판을 통해 하인리히 사자공(작센 공작 재위 1142~1180년, 바이에른 공작 재위 1156~1180년)에게서 작센 및 바이에른의 두 개 공국을 몰수하지만, 이를 자신의 황제령으로 편입하지는 못했다. 대신 그것들을 다시 성속제후에게 재분배하였는데, 이로써 권위가 떨어지고 도시 정책에 실패한 데다 인적 유대 면에서도 취약했던 황제의 애처로운 면을 드러내게 되었다.

이러한 가운데 미니스테리알레스는 서서히 그 예속성을 떨쳐버리고 관료 상층부에 파고들어가 이윽고 기사 신분을 획득하였다.

＋　＋

한편 프랑스에서는 987년 위그 카페가 카페 왕조를 창건하였다. 당초 왕령지는 파리 주변의 일드프랑스로 한정되어 제후령보다도 훨씬 작았고, 왕으로서의 권위가 있기는 했으나 아직 충분치 않았다.

하지만 루이 6세(재위 1108~1137년)와 루이 7세(재위 1137~1180년)가 왕령지 안에서 반항하는 귀족들을 제거하여 평화의 수호자라는 이미지를 구축함으로써 제후에 대한 왕권의 우월성이 확립하였고, 12세기 말 이후에는 플랑드르, 노르망디, 멘, 앙주, 푸아투 등으로 왕령이 확대되었으며, 나아가 알비주아 십자군(1209~1229년) 후의 남프랑스 통합과 더불어 통치 조직 정비도 이루어졌다. 결혼 정책과 근친자에 대한 백작령 수여, 가계 단절을 이용한 몰수, 백작과 부백(副伯)의 가신화, 영유 계약 등 온갖 수단을 동원하여 왕가는 그 지배 영역을 확대해갔다.

또한 노르만 정복 후의 잉글랜드에서도 체제 조직화가 빠르게 진행되었는데, 특히 순회 재판과 고발 배심 제도가 채용됨으로써 지방의 헌드레드(주 아래 행정 구역인 군)와 촌락에까지 국왕의 행정권이 미치게 되었다. 이렇듯 중앙 집권화의 발판이 실질적으로 다져진 것은 헨리 2세(재위 1154~1189년) 치세에서였다.

이처럼 프랑스와 잉글랜드에서는 차츰 왕이 중앙 집권화를 진행해갔지만, 그것은 성주들이 힘을 키워가는 경향과 반드시 모순된 것은 아니었다. 즉 성채·해자·목책·탑 등으로 이루어진 성을 근거로 왕후 등 대귀족에게서 독립한 성주들이 작지만 유효한 지배력을 일대에 행사한 것이 바로 11~12세기 걸쳐서였다.

가족의 형태가 변화한 것도 성주 권력의 강화를 뒷받침했다. 카

✠ (오른쪽)비텔스바흐 가문의 계통수(系統樹). 1501년경. (뮌헨, 바이에른 국립 미술관 소장)

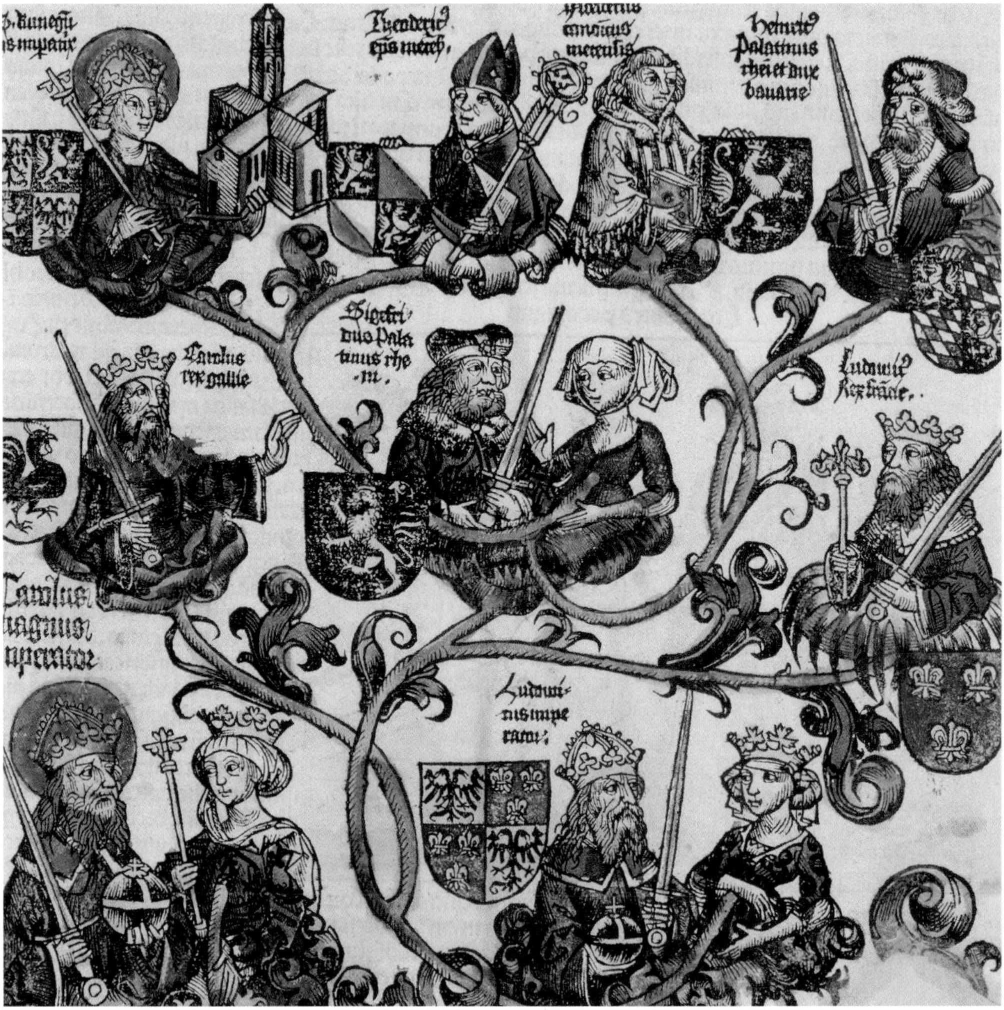

✠ 카롤루스 대제의 가계. 채색 목판화, 1493년, 하르트만 셰델의 『뉘른베르크 연대기』에서. (프랑스 국립 도서관 소장)

롤링거 왕조 시대에 일반적이던 쌍계적(雙系的) 친족 집단은 부계를 축으로 하는 가족 집단, 보다 작은 집단으로 분해·재편성되었고, 혼인 정책에 의해 많은 외부자가 유입, 친족이 되어 가계를 구성하였다. 성주들은 이른바 봉건제 피라미드의 중간항이자 경제적으로는 농촌 영주였는데, 왕권은 봉건제를 매개로 제후령과 그 아래의 수많은 성주령을 왕령에 편입시킴으로써 실질적인 지배 영역을 넓히는 동시에 중앙 집권화를 이루어간 것이다. 이것이 봉건 왕정이며 완성된 것은 루이 9세(재위 1226~1270년) 시대였다.

'기사'란 본래 이 피라미드의 말단에 자리하였으며, 이후 보다 상층 귀족까지 포함하는 개념으로 확대되었을 때도 대부분을 점하는 소귀족 가문의 기사, 그중에서도 장자 상속제의 틀 속에서는 봉토를 갖지 못하는 가난한 젊은이들은 여전히 생활하는 데 어려움을 겪었다. 그들은 어떻게든 이익을 얻으려 전쟁을 찾아 편력(遍歷)했다. 설사 주군이 있더라도 용병이 되어 다른 실력자 밑에서 일하기도 하였다.

이 시대는 경제적으로는 어떻게 파악할 수 있을까. 11세기 들어 소위 제2차 민족 대이동이라고 일컬어지는 이슬람교도·노르만인·마자르인들의 침입이 끝난다. 그리고 이 안정기에 농민들은 숲을 개간해 경작지를 얻는 개간 운동을 벌여 농업 생산 향상에 힘쓴다. 영주는 조세 면제 등의 유리한 조건을 제시하고 새로운 토지에 농민을 이주시켜 농촌을 재편하며 신촌을 건설했다. 농업 생산 향상은 수차 도입, 견인 마구의 개량, 바퀴 달린 쟁기 사용, 삼

포식 농법의 보급 등에도 힘입은 바가 크다. 농민의 처우는 점점 좋아져 —옛 영주·농민 관계가 그대로 남은 곳도 일부 있기는 하나— 고전 장원은 해체되고 농민의 예속(예농)이 풀려 영주 직영지에서의 부역 대신 실물 공조(貢租), 나아가서는 화폐 지대(地代)가 주류가 되어간다.

또한 더불어 11세기 이후에는 도시가 발전한다. 농촌에서도 이전부터 소규모 교환 경제가 이루어지고 직인업도 존재했으나, 보다 좋은 처우를 바라며 농촌을 떠나 도시로 온 사람들이 동업조합을 형성함으로써 상업, 수공업이 한층 더 발전하였고, 그것이 도시 자체의 발전으로 이어진 것이다. 더욱 넓게 보면 이탈리아 북부를 중심으로 하는 남방 상업권과 플랑드르를 중심으로 하는 북방 상업권이 있었으며, 양자를 연결하는 시장이 샹파뉴의 대시(大市)였다.

도시가 영주제로부터 벗어난 자유와 자치의 세계라는 점은 부정할 수 없으며, 많은 곳에서 11세기 말 이후 도시 영주의 폭정에 저항하여 자유를 추구하는 서약 단체가 시민들 사이에 만들어진 것도 사실이다. 다만 초기의 도시에서는 교구를 기초 단위로 하는 개별 공동체가 도시 영주와 협조하면서 자치를 행했고, 전 시민에 의한 자치 획득이라 해도 그 자치 자체가 자치권을 부여한 왕후의 상급 지배하에 있어 상당히 한정적이었던 경우가 많다. 이탈리아의 도시국가는 상급 지배권에서 벗어나 자치 국가의 양상을 보였으나, 도시 내부에는 봉건적 요소가 잔존하였고 주변 농촌과도 시종 밀접한 관계를 유지하고 있었다. 자치도시에서는 12세기 중에 군사적 권리 및 재정적 권리를 도시 영주로부터 획득하였으며, 또한 자체적으로 재판을 실시함으로써 영주 재판소에 대항하는 것도 가능했다. 기존의 주교와 귀족의 지배를 벗어나 평민 가운데 대상인 등이 정치의 실권을 잡는 것이 일반적인 전개 유형이었는데, 그 과정에서 대상인들은 자연히 도시 귀족층으로 올라가게 된다.

이런 가운데 부유해진 농민과 상인이 기사가 되기도 하였다. 토지를 획득한 다음 그 땅에 연고가 있는 귀족풍 이름을 칭하여 기사 기분에 젖는 것도 좋고, 실제로 대영주에게 아첨하여 기사로 서임 받으면 금상첨화였다. 또한 설사 부유하지 않더라도 무용을 과시하여 전투에서 전과를 올림으로써 본래 농민이었던 자가 기사로 서임 받을 수도 있었다. 그러나 기사 신분은 차츰 배타적 경향이 강해져 대부분의 군주가 농민이 기사가 되는 것을 금지하는 법령을 내놓았다. 13세기에는 다른 계급 사람이 기사가 되기 어려워졌고, 이미 설명했듯 기사가 귀족과 동일시된 데다 그 귀족 일부가 기사가 되는 시대가 찾아온다. 하지만 이윽고 도시 당국이 기사 서임권을 갖게 되면서 다시 하층민 기사가 탄생하게 된다.

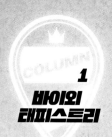

COLUMN 1

바이외 태피스트리

'바이외 태피스트리'는 정복왕 윌리엄(재위 1066~1087년)의 1066년 잉글랜드 정복을 나타낸 한 장의 자수 작품이다. 이 작품은 평균 50cm 폭의 천이 무려 약 70m에 걸쳐 길게 뻗어 있다(처음에는 80m 가까이 되었다). 정복왕 윌리엄의 아내인 왕비 마틸다가 만들었다고 전해지지만, 보다 가능성이 높은 것은 윌리엄의 이복형제였던 바이외 주교 오도(오동)를 위해 일하는 자수 직인이 작업했다는 설이다. 1077년 바이외 대성당의 신랑(身廊, 교회당 입구에서 성단에 이르는 중앙의 긴 부분-역자 주)에 최초로 전시되었던 듯하나, 완성된 것은 1085년 이후이다.

이 태피스트리는 틀이 되는 위아래 테두리와 중앙부로 이루어지며, 중앙부는 구부러진 나무들과 건축물에 의해 구획 지어진 길고 짧은 72개의 다양한 장면으로 구성되어 있다. 전반부는 색슨인인 해럴드 2세가 노르망디 공작 기욤(윌리엄)을 찾아와 그에게 증성왕(證聖王) 에드워드의 유산 즉 잉글랜드 왕국을 약속한다는 이야기가 중심이다. 제2부는 해럴

✠ 노르만 사수들. 바이외 태피스트리(1095년경)에서.

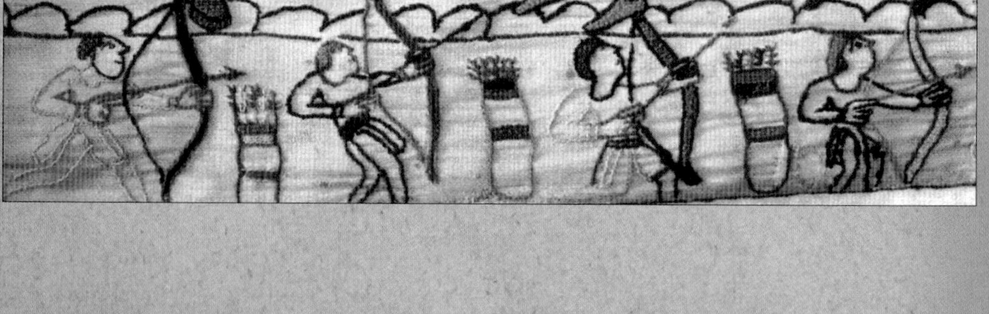

드의 부당한 대관으로부터 기욤의 대관까지가 주된 내용이며 도중 노르만인의 함대 준비, 영국 해협 횡단, 뒤를 이어 1066년 10월의 헤이스팅스 전투 장면이 삽입되어 있다. 위아래 가장자리에는 현실과 상상의 동물, 밭일을 중심으로 한 일상 풍속, 우화(寓話), 나체, 장식이 그려져 있는데, 전체적으로 당시의 의복, 무기, 전술, 항해, 봉건 관계 등에 관한 중요한 정보를 생생한 그림을 통해 엿볼 수 있다는 점에서 매우 귀중한 사료이다.

이 태피스트리를 제작한 목적은 잉글랜드인들에게 위증자 해럴드의 정당한 죽음과 기욤의 잉글랜드 왕 등극의 합법성을 설득하기 위해서였다고도 하지만, 충분히 만족할 만한 설명은 나와 있지 않다.

여덟 색 아마포와 모직물 천을 이용했는데 작자의 색 사용, 선 데생과 색을 채운 표면의 조합이 실로 정교하다. 또한 이 태피스트리는 중세 도상학(圖像學) 측면에서도 가장 중요한 사료 중 하나이다.

✠ 해럴드의 눈을 맞힌 화살. 49~50쪽 도판은 전부 바이외 태피스트리(1095년경)에서.

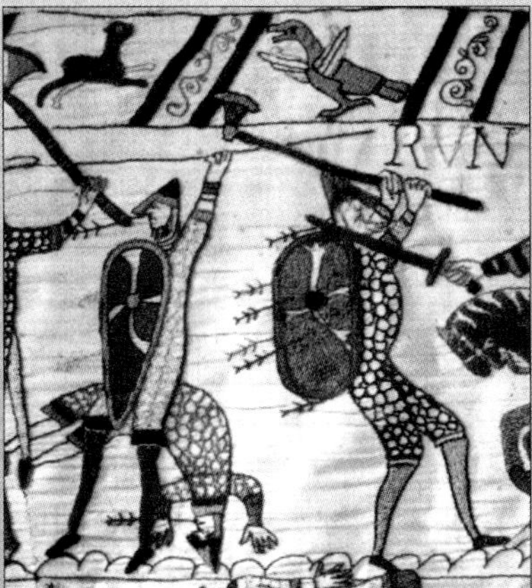

✠ 기병대 사이에 있는 노르만 사수들.

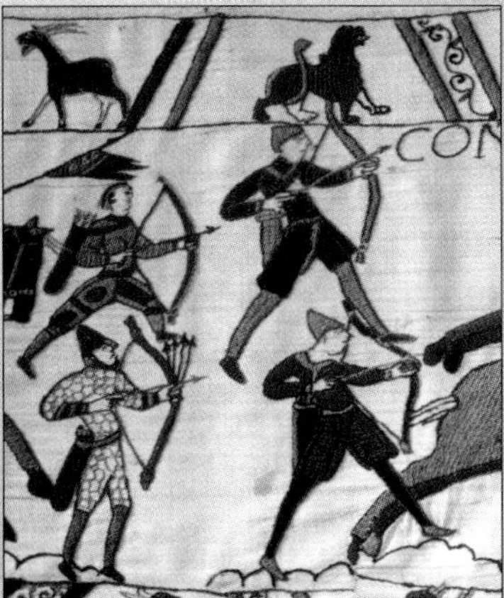

✠ (위)색슨 보병들. (아래)기병대와 사수들.

제2장
기사단

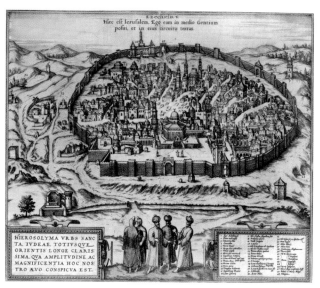

✤ 프란스 호겐베르크가 그린 예루살렘의 경관. 1590년경.

　서양의 기사가 그리스도 교회의 영향을 농후하게 받은 점, 특
히 십자군을 계기로 그리스도의 전사=기사라는 이념이 만들어지
고 그것이 기사들 자신에게까지 침투했던 점에 관해서는 이미 서
술한 대로이다. 또 하나 기억해야 할 것은 십자군이 기사수도사라
는, 기사이면서 수도사이기도 한 기묘하고 특별한 신분의 사람들
이 탄생하는 기회도 되었다는 사실이다. 본래 수도사란 마을에서
동떨어진 벽지에서 세속과의 인연을 끊고 신과 직면하여 기도에
전념하는 것이 직무인 그리스도교의 엘리트 집단이었는데, 십자
군을 계기로 종교 엘리트와 세속 엘리트가 합체한 듯한 특수한 유
형의 전사가 대활약하게 된 것이다. 그들 기사수도사의 단체를 '기
사수도회'또는 '기사단'이라 부른다.

원래 기사단은 성지에서 순례자와 십자군 병사에 대한 시중·원조를 항상적으로 시행하기 위해 만들어졌으나, 점차 군사적 색채가 강해져 성지와 그 주변의 경호·방비를 주 임무로 삼게 된다. 가장 먼저 등장한 것이 성 요한 기사단(구호 기사단)이며 템플(신전) 기사단, 독일 기사단 등이 그 뒤를 이었다. 그 밖에 이베리아 반도에서는 국왕에 의해 몇몇 기사단이 창설되었다.

그들은 기본적으로 교황 직속으로서 다른 일반 수도회와 같은 계율을 따르지만, 수도사로서 기도와 의식에 전념하는 것이 아니라, 보통 기사 이상으로 과감하고 가공할 만한 기사로서 무력으로 신과 그리스도교 세계에 봉사하였다.

성 요한 기사단

성지에 찾아오는 순례자를 돕기 위해 최초로 만들어진 것이 '성 요한 기사단', 일명 '구호 기사단'이다. 그 이름은 구호소(시료원[施療院])에서 유래한다. 본래 순례자 구호소였기 때문이다. 1070~80년경 이탈리아 남부 아말피 출신 상인이 성묘 교회에서 그리 멀지 않은 곳에 작은 오두막을 세운 것이 시초이며, 당초에는 소수의 자원봉사 단원으로 이루어진 조촐한 단체였다. 하지만 차츰 유명해져 많은 봉납·기부를 받으면서 단원 수도 늘고, 여러 교회와 관련 시설을 건설하게 된다.

제1차 십자군의 성공으로 예루살렘 왕국이 건국되자 구호 기사

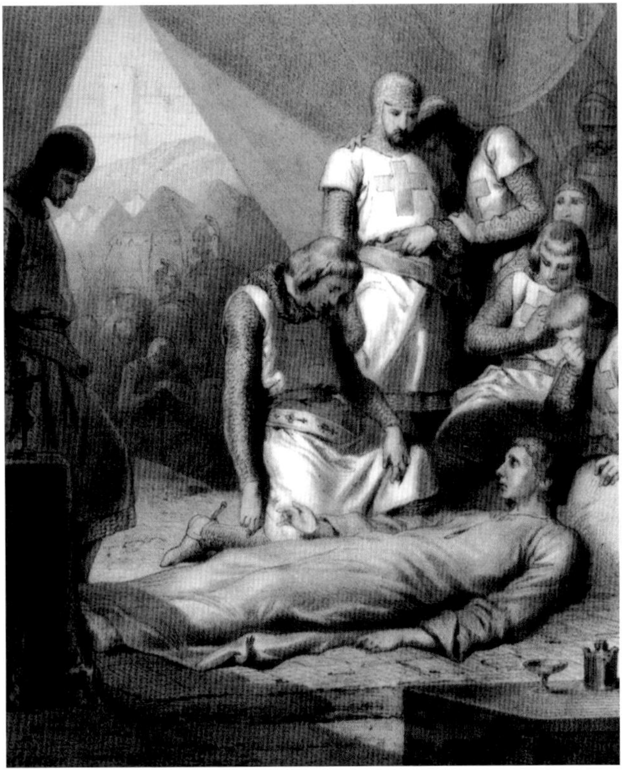

✠ 성왕 루이의 죽음과 성 라자로 기사수도회의 기사들. 이 수도회는 본래 성 요한 기사단과 일체화되어 있었으나, 그로부터 분리되어 한센병 환자 구호를 전문으로 하게 된다.

단에는 왕후로부터 더욱더 많은 기부가 들어와, 성지 이외의 다른 지역에도 분원이 만들어진다. 복자 제라르 아래에서 이윽고 회칙이 제정되고 제복이 지정되었으며, 1113년 교황 파스칼리스 2세(재위 1099~1118년) 시대에 베네딕토회의 비호를 벗어나 교황 직속

수도회로서 정식으로 인정받았다.

그 성격이 일변한 것은 제2대 총장 레몽 뒤 퓌(재임 1120~1160년) 때였다. 본래 수도사가 서약해야 하는 청빈, 정결, 복종의 서원(誓願)에 더하여 무기를 손에 들고 성지를 방위한다는 임무를 내세웠기 때문이다. 이때부터 이 구호 수도사들이 '성 요한 기사'가 된 것이다. 그리고 네 끝이 둘로 뾰족하게 갈라진 '몰타 십자'를 십자 휘장으로서 방패와 의복, 깃발에 달게 된다. 조직화가 진행되고 각국으로 확대한 영지가 기부를 통해 방대해지자 몇 개의 관구로 분할하여 통치하였다.

성 요한 기사단은 다음에 언급할 템플 기사단의 영향을 받아 군사 활동을 큰 축으로 삼게 되지만, 그러면서도 구호·개호 활동을 그만두지는 않았다. 십자군에 있어 헤아릴 수 없을 만큼 뼈아팠던 아코 함락(1291년)도 성 요한 기사단에게는 그리 큰 타격이 아니었다. 왜냐하면 그들은 키프로스 섬에 막대한 부를 축적하고 있어, 그곳으로 철퇴한 다음 십자군 재흥을 꾀하며 이교도와의 싸움을 계속했기 때문이다.

나아가 성 요한 기사단은 1309년 로도스 섬으로 본거지를 옮기고 이슬람 세력에 계속 대항했으나, 오스만 제국군의 공격을 받아 어쩔 수 없이 퇴거하게 된다. 성 요한 기사단은 이름을 바꾼 로도스 기사단으로서는 1522년까지 존속하였다. 그 후 1530년 신성 로마 황제 카를 5세(재위 1519~1556년)로부터 받은 몰타 섬을 새로운 거점으로 삼으면서 재차 이름을 바꿔 몰타 기사단이라 불리게 되었다. 1798년에는 나폴레옹 1세(재위 1804~1814년)에게 항복하여 몰타 섬에서도 추방되지만, 교황청의 훈작으로 살아남아 15개국에 회원을 가진 다분히 의례적인 자선 단체로서 현재까지 이어지고 있다.

템플 기사단

'성 요한 기사단'보다 약간 늦게 성립한 것이 '템플 기사단'이다. 처음부터 군사 활동을 목적으로 했다는 점에서 요한 기사단과는 다르다.

샹파뉴 지방 출신 기사 위그 드 파앵이 플랑드르의 고드프루아 드 생토메르 등과 성지에서 순례자 경호를 시작한 것이 이 기사단 역사의 시작이었다. 이렇게 1119년 '그리스도의 가난한 기사'라고 자칭하는 최초의 수도회가 탄생한다. 다만 당초에는 그 이름처럼 정말 가난한 아홉 명의 기사로서 활동해야 했다.

그러나 예루살렘 왕 보두앵 2세(재위 1118~1131년)가 솔로몬 신전에 그들을 거주시키면서 단숨에 발전하여 템플(신전) 기사단이 된다. 세속의 왕후뿐만 아니라 시토회에서도 그들을 지원하였다. 그리고 교황 호노리우스 2세(재위 1124~1130년) 시대에 샹파뉴 백작령의 수도 트루아에서 열린 공의회(1129년)에서 공인받는 한편 독자적인 회칙이 제정되었다. 그 회칙에는 입회 규칙 외에 매일 행하는 미사성제, 옷차림과 식사, 침묵의 필요성, 총장에 대한 절

✤ (왼쪽)교황 인노켄티우스 2세(재위 1130~1143년).
✤ (오른쪽)1187년 크레송 전투에서 자크 드 마예의 최후. 전설 속의 그는 템플 기사단의
원수(元帥)이나, 실제로는 일반 기사였다. 19세기의 판화.

대복종, 잘못에 관한 규정 등이 명시되어 있었다. 세속적인 오락
은 사냥을 포함해 금지되었고 장발도 안 되었으며 검소한 복장을
엄수하였다.

교황 인노켄티우스 2세(재위 1130~1143년)는 이 기사단이 자신
이외의 교회 권력에 속박되지 않는다고 선언하고 10분의 1세도 면
제해준다. 템플 기사단이 급속히 풍요로워져 예루살렘 왕국뿐만
아니라 유럽 전역에 분원을 확장할 수 있던 것은 이러한 우대 조치

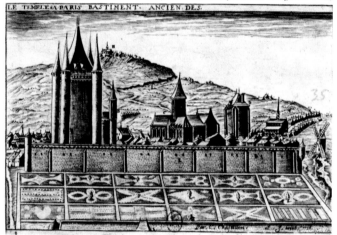

✖ (위)파리에 위치한 템플 기사단 회당의 '교회'. 17세기의 판화.
✖ (아래)위를 둘러싼 성채. 왼쪽으로 템플 기사단 회당의 아성이 보인다. 17세기의 판화.

덕분이었다. 그리고 소속 기사도 계속해서 증가하여 수천, 아니 1
만 명에 달했다고도 한다. 관구 수는 처음의 2개에서 최종적으로

9개까지 늘었다. 중요 사항은 전부 고위자로 이루어진 총회(참사회)에서 결정하는데, 총회의 주요 멤버는 여러 지역=관구의 장이며 각 관구에는 저마다 의회가 존재했다. 조직화의 진척은 현저하여 절대적 권력을 가진 총장 아래 재산과 인원의 견고한 관리 조직이 완성되었다. 일반적인 수도회 이상, 아니 일반적인 군대 이상으로 엄밀한 명령 계통, 규율이 있었으며 벌칙 규정도 엄격했다. 성 베르나르가 이상으로 했던 그리스도의 전사를 현실에 그대로 옮겨 놓은 것이 그들 에루살렘 왕국의 정예 부대였던 것이다.

회원의 신분은 '기사', '성직자', '평민' 등 셋으로 나누어진다. '기사'만이 엄밀한 의미에서의 전사로, 귀족 신분 가운데 모집되었다. 기사수도사가 되기 위해 엄숙한 의례로 이루어진 입회식을 치렀고, 지원자는 일반 수도사처럼 청빈·정결·복종의 세 가지 수도 서원을 하였다.

그들을 돕는 보좌역이 '평민' 종사와 견습기사이며, '성직자(사제)'는 예배와 성사를 주관하였다. 그 밖에 조수사(助修士) 비슷한 존재도 있어 잡역부 같은 역할을 담당했다. 복장은 붉은 십자가가 그려진 흰색 망토를 둘렀는데, 흰색 망토는 기사에게만 허용되었다. 이 흰색은 성 요한 기사단의 검은색과 대조적인 색이다.

그럼 그들은 수도기사로서 어떠한 무훈을 세웠을까. 템플 기사는 기병으로서도 우수하여 각자가 신분에 걸맞은 수의 말을 소유하고 있었고, 회칙 안에 기병 공격 방법까지 실려 있을 정도였다. 제2차 십자군에서는 성지 방위를 위해 아스칼론 포위전에 가세하

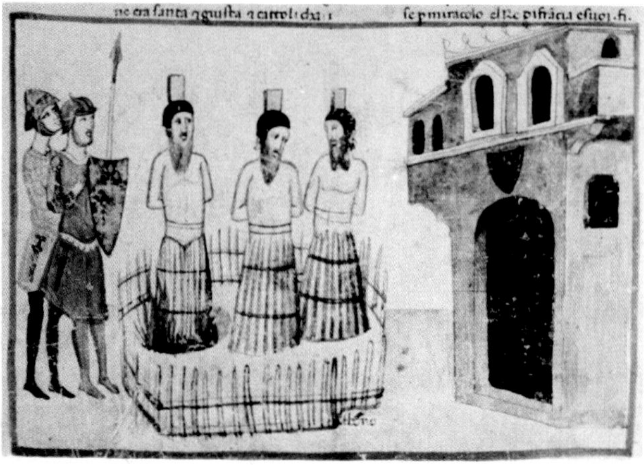

✠ '템플 기사의 화형.' 빌라니의 『신간 연대기』. 14세기 초반의 사본 삽화.

였으며, 제3차 십자군 직전에는 살라딘군에 맞서기도 했으나 참담하게 패퇴한다. 하지만 제3차 십자군에서는 프랑스 왕 필리프 2세(재위 1180~1223년)와 잉글랜드 왕 리처드 1세(재위 1189~1199년)의 지원을 받아 템플 기사단도 아코 탈환에 공헌할 수 있었다. 그 후의 십자군에서는 이렇다 할 활약을 펼칠 기회도 없이 잇따라 십자군 측의 거점을 빼앗기고, 1291년 5월 28일에 아코 요새마저 함락되면서 살아남은 템플 기사 전원이 성지를 떠났다.

템플 기사단의 독자성은 일종의 은행 업무로 부를 축적했다는 데 있다. 즉 순례자가 출발지에서 맡긴 돈을 각지의 지부에서 돌려주는 그야말로 은행의 역할을 하였으며, 그것을 밑천으로 대부업을 크게 벌여 이익을 보았다. 프랑스에서는 특히 조직의 규모가

커져 왕국의 재산 관리까지 맡지만, 그만큼 적대시되는 일도 많아
진다.

프랑스 왕권이 주목한 것은 바로 그런 템플 기사단의 부였다. 필
리프 4세(재위 1285~1314년) 시대인 1307년 10월 13일 총장을 필두
로 프랑스 전역 약 3,000개 코망드리(기사령)의 템플 기사가 왕명에
의해 일제히 체포된다. 그리고 날조된 죄상으로 이단이라는 누명
을 쓰고 자백을 강요당해 유죄 판결을 받는다. 고발 명목은 그들
의 배교, 그리스도 모욕, 저속한 입회 의식 등이었다. 1311년 비엔
공의회를 거치며 교황에게도 버림받아 결과적으로 지도자 수 명
이 화형에 처해졌다.

성 요한 기사단과는 대조적인 비극적 최후라 할 수 있다.

스페인의 기사단

레콘키스타(국토 회복 전쟁)의 시류 속에서 이베리아 반도 그리스
도교 국가의 여러 왕들은 약체화하여 군사력 부족에 빠진 상황을
타개하고자 잇따라 기사수도회를 창설한다. 모두 성 요한 기사단
과 템플 기사단의 영향을 받은 단체였다. 처음 생긴 것은 칼라트
라바 기사단(1164년)이며, 이어서 산티아고 기사단(1170년. 단 교황
이 기사수도회로서 승인한 것은 1175년), 알칸타라 기사단(1177년)이 성립
하였다. 방위력 유지를 꾀한 국왕 주도로 만들어져 왕에게 충성을
맹세한 점이 공통적인 특징이다. 이들 기사단은 레콘키스타 추진

및 점령지 방위·개발에 힘써, 이베리아 반도 여러 나라의 정치·경제·사회적 발전에 공헌하게 된다. 역시 청빈(사유 재산 포기), 독신, 교황에 대한 복종을 서약하였으나, 시대가 흐르면서 수도 서원을 면제받고 다른 귀족처럼 특권 계급이 되었다.

이들 스페인의 주요 기사단에 관하여 조금 더 자세히 설명하도록 하겠다.

가장 먼저 만들어진 것은 칼라트라바 기사단이다. 카스티야 왕 산초 3세(재위 1157~1158년)가 이슬람 세력으로부터 빼앗은 요충지 칼라트라바 성을 방어하기 위해 기존의 템플 기사를 대신할 새로운 봉신을 찾았으나 희망자는 좀처럼 나타나지 않았다. 이윽고 당시 나바라에 있던 시토회 피테로 수도원의 원장 라이문도가 자청하여 개척자들을 이끌고 칼라트라바로 향한다. 교황 알렉산데르 3세(재위 1159~1181년)가 이 집단을 기사단으로 승인하였고, 카스티야 왕 알폰소 8세(재위 1158~1214년)가 그들의 활약에 걸맞은 영지를 약속하여 영지도 늘어났다. 한때 무와히드 왕조의 공격으로 칼라트라바를 잃지만 후일 다시 회복한다. 칼라트라바 기사가 충성을 맹세한 것은 교황과 교회 이상으로 왕과 왕국에 대해서였다. 1218년에는 왕들의 의향에 따라 포르투갈과 레온에 소유한 영지·성채를 정리하면서 각각 아비스 기사단과 알칸타라 기사단이 된다. 칼라트라바 기사단은 반도 중남부에서 레콘키스타를 계속했다.

✤ (왼쪽)산티아고 기사단 휘장. (가운데)칼라트라바 기사단 휘장. (오른쪽)알칸타라 기사단 휘장.

　다음으로 1170년경 스페인 서부 카세레스 방위를 위해 만들어진 것이 산티아고 기사단이었다. 이 기사단은 같은 그리스도교도끼리 격렬히 싸우는 것을 보고 두려움을 느낀 13명의 기사가 그리스도교도에 대해서는 결코 검을 뽑지 않고 이교도를 상대로만 싸우겠다고 맹세하며 만들었다는 설이 있다. 당초 '카세레스의 형제들'이라 불리던 사람들이 대주교와 협정을 맺었으며, 1175년에는 교황 알렉산데르 3세에게 승인받아 아우구스티누스회의 수도 회칙을 채용하였다. 대부분의 기사가 결혼하였는데, 그 가족과 재산은 기사단 소유가 되었다. 그 후 눈에 띄게 발전하여 레콘키스타의 중심적 역할을 담당한다. 1250년 이후로는 국왕이 이 기사단을 지배하게 된다.

　세 번째 알칸타라 기사단의 기원은 불명이지만, 정식 기사수도회가 된 것은 1176년 교황 알렉산데르 3세의 승인을 얻었을 때였다. 또한 포르투갈에도 아비스 기사단, 크리스투 기사단 등이 창설되었다.

대(對) 이슬람 세력의 선두에 서서 활약하기를 기대받았던 이들 기사단은 12세기 중반부터 13세기 중반까지 활발하게 활동하였으며, 그중에서도 전성기는 무어인과의 싸움에 정열을 불태운 카스티야의 페르난도 3세(재위 1217~1252년) 시대였다. 그러나 레콩키스타가 성공리에 끝나자 그들은 더 이상 불필요해진다. 강화된 왕권 입장에서는 기사수도회가 없어도 상관없었기 때문이다.

다만 몇몇 기사단은 여전히 광대한 토지를 소유하고 범상치 않은 경제력을 뽐냈을 뿐만 아니라, 교황에 직속하며 왕의 의사를 그다지 따르지 않아 왕실에 있어 거북한 존재가 되었다. 그래서 가톨릭 공동왕 시대(아라곤 왕 페르난도 2세[재위 1479~1516년]와 카스티야 여왕 이사벨 1세[재위 1474~1504년])부터는 왕 자신이 수도회의 총장이 됨으로써 조직 전체를 왕권에 복종시켜 그 힘을 빼앗는다.

독일 기사단

성지의 두 선행 기사단, 성 요한 기사단과 템플 기사단을 모범으로 삼아 독일인 제후들이 위로부터 만든 것이 '독일 기사단'이다. 그들은 특히 북동유럽에서 두드러지게 활약한다.

그러나 기원은 역시 성지에 있었다. 1189~90년 아코 공성전 때 창설되어 기사단의 모체가 된 야전 병원은 12세기 초반 한 사람의

✠ 독일 기사단 뷔르츠부르크 관구. 마테우스 메리안 저『토포그라피아 프랑코니아이』(1648년) 속 뷔르츠부르크를 묘사한 그림에서.

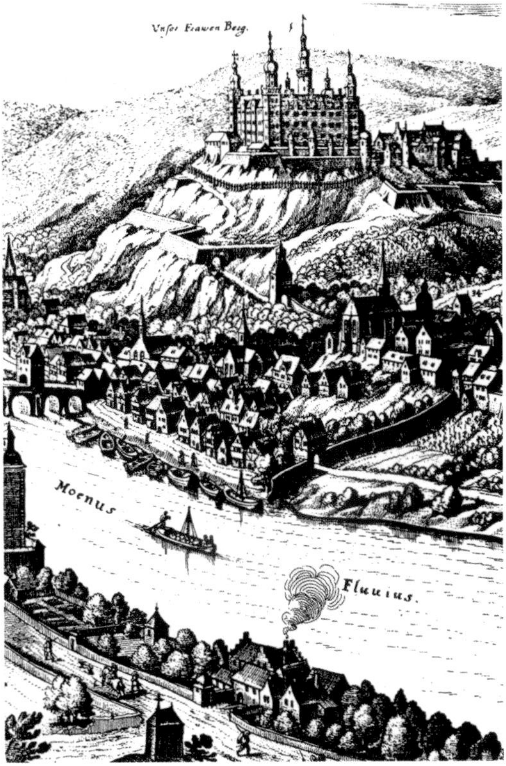

독일인 상인과 그의 아내가 예루살렘에 세운 성 마리아 병원을 제도적으로 계승한 것이기 때문이다.

독일 기사단은 1198년 선행 기사단과 같은 회칙을 채용한다. 그리고 시기적으로는 뒤처졌지만 신성 로마 황제의 후원을 받아 힘차게 발전해간다. 수도회가 발전 궤도에 올라탄 것은 유능한 제4대 총장 헤르만 폰 잘차(재임 1210~1239년)가 재임한 30년간이었다. 즉 이 시기에 독일 기사단은 새로운 도약의 땅, 이교도와의 전쟁터를 동유럽에서 찾는다는 방침 전환에 나선 것이다. 십자군 국가가 함락되자 독일 기사단은 처음에는 베네치아, 이어서 독일의 마르부르크로 본부를 옮긴다. 그리고 리보니아 검의 형제 기사단의 협력을 얻어 프로이센에 광대한 영지를 손에 넣는다.

✖ 독일 기사단의 '기사(왼쪽)'와 '사제(오른쪽).' 1606년의 새 회칙 사본 삽화에서.

성 요한 기사단과 템플 기사단이 성지에서 쫓겨나면서 규모가 크게 축소되거나 소멸한 반면, 독일 기사단은 프로이센 동쪽을 활동 영역으로 삼아 독립 국가를 건설하려 하였다.

그 후로도 그들은 템플 기사단이나 성 요한 기사단과는 달리 국제적으로 세력을 펼치지 않고 독일과 밀접한 관계를 맺으며 발전해갔다. 왕=황제에 의해 프로이센 말고도 헝가리, 리보니아, 트란실바니아 분지로 식민지 개척이 진행되자 변경 지역의 방위를 맡는다. 또한 헝가리 왕과 폴란드 왕국의 마조프셰 공작 콘라트(재위 1197~1247년)에게 요청받아 이교도에 대한 방위 및 정복에 협력하기도 하였다.

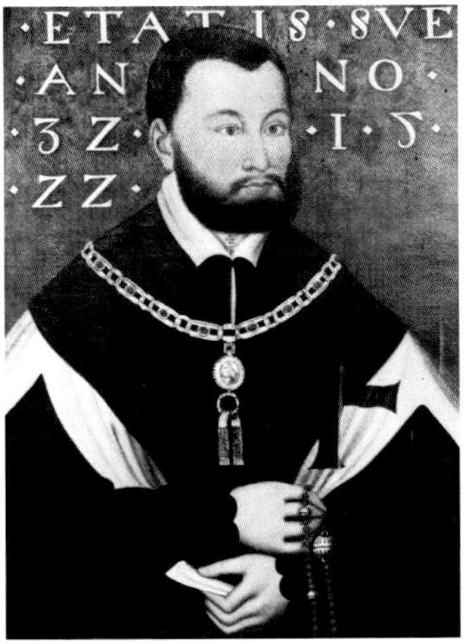

✠ 한스 헤네베르거 작품. 독일 기사단 총장으로서의 변경백 알브레히트 폰 브란덴부르크.

본래 기사단은 교황 직속일 터이지만 이 기사단은 신성 로마 황제와의 관계가 밀접하여 마치 제국 제후와 같은 대우를 받으며 힘을 길러 간다. 이교도 개종이라는 구호 아래 영지를 넓혀갔으나, 1410년 타넨베르크 전투에서 폴란드-리투아니아 연합군에 대패당한 것을 계기로 한자 무역이 쇠퇴하였고, 황제도 원조를 중지하면서 약체화가 결정적이 되어 해체(1525년) 수순을 밟았다.

지금까지 대표적인 기사단에 관하여 살펴보았는데, 기도로 신을 섬겨야 할 수도사이면서 무기를 들고 이교도와 싸움을 벌인 기사수도사란 애초에 모순으로 가득한 존재였다. 그래서 십자군 시대가 막을 내리며 존재 의의가 옅어져 소멸하지만, 중세를 넘어 오래도록 살아남은 예도 있다. 또한 이 책 마지막에 언급할 은상으로서의 훈장을 수여받은 사람들의 단체로서, 기사단은 현재에도 형식적이나마 나름대로 역할을 다하고 있다.

제3장
의례와 유희의 세계

기사들은 말을 타고 전쟁을 하는 것이 본래의 '일'이지만, 그렇다고 물론 싸움만 하지는 않았다. 오히려 전쟁 없이 평화로운 시기도 상당히 길었으며, 주군의 전쟁에 협력하는 경우라도 종군 의무는 40~60일로 한정되었다. 그렇다면 평소 그들은 무엇을 하며 지냈을까. 성이나 궁정의 직무를 맡은 사람은 그곳에서 할 일이 있었고, 자신이 소유한 영지 경영도 해야 했으나, 젊은 기사 중에는 부와 여성과 모험을 찾아 여러 나라를 방랑하는 사람이 많았다.

주군 밑에 정착한 사람이든 항상 이동하는 사람이든 대부분의 시간을 할애한 것은 의례와 유희였다. 의례에는 기사가 되기 위한 의례인 '기사 서임식'과 봉건적 주종 관계를 맺는 '신종례(臣從禮)'가 있었는데, 전자는 물론 평생에 한 번뿐이지만, 후자는 여러 주군을 섬기는 가신도 있었으므로 동일인이 여러 번 거행하기도 하였다. 또한 자신이 주인공이 되는 의례 이외에 동료 기사의 서임식이나 신종례에도 함께 참가하여 분위기를 띄웠기 때문에 의례에 참가할 기회가 자주 있었다.

한편 평시의 오락—그것은 기사만의 특권적 행위이기도 했는데—으로는 기마창 시합과 사냥이 있었다. 그리고 기사도가 여성적 성격을 띠어간 중세 후반에는 체스 등 반상유희, 주사위 놀이, 언어유희 등에 열중하는 나약한 기사도 많이 나타났다.

기사 서임식

기사가 정식으로 기사가 되려면 한 가지 '의례'를 통과해야만 했다. 어린 시절부터 무술과 승마를 익혀 스스로는 한 사람 몫을 한다고 생각하던 견습기사(écuyer)나 귀족 도련님(damoiseau)도 이 의식을 거친 뒤에야 비로소 정식으로 기사가 될 수 있었다. 바로 '기사 서임식'이다. 이는 통상 18세에서 20세가 된 젊은이를 대상으로 하였는데, 기사가 되는 동시에 귀족들의 사회에서 한 사람의 '어른'이 되어 후견을 벗어나 자신의 재산을 확인하는 등 완전한 법적 능력을 갖추게 됨을 의미하였다.

이 의식은 게르만적 관습에서 유래하여, 본래는 많은 귀족이 열석한 가운데 그리스도교적 색채나 성직자의 개입이 없는 세속적이고 화려한 식전으로서 성의 집회장에서 거행되었으나, 12세기 들어 종교적 색채가 매우 진해진다. 빠르게는 이미 11세기 말부터 새로운 기사들이 교회의 '제단으로부터' 검을 받게 되었다. 게다가 예전처럼 영주나 선배 기사에게서가 아닌 주교나 사제에게 축별된 검을 받은 새 기사는 그리스도 교회를 구하고 약자·과부·아이를 보호하는 신성한 목적을 위해서만 그 검을 사용할 의무가 주어졌다.

이리하여 12세기 중에 그리스도교적 상징성을 띤 '행동'과 '말'의 힘에 의해 특별한 그리스도교적 임무를 지고 신과 전사의 수호성인에게 보호받는 집단(기사 신분)의 창설을 실현하는 기사 서임식이 나타난 것이다.

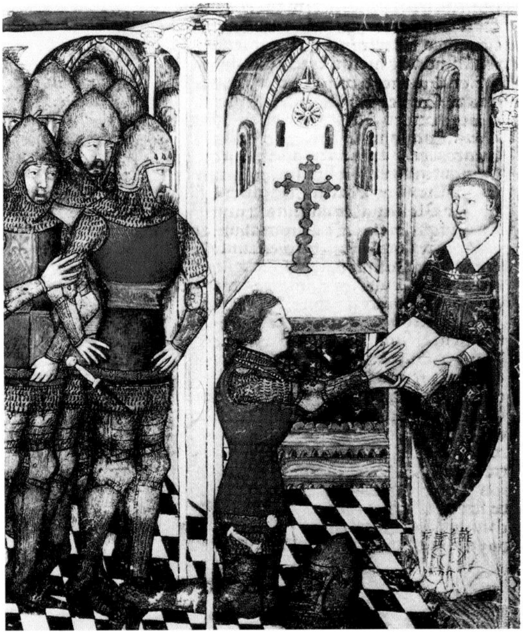

✠ 신임 기사가 복음서에 손을 얹은 채 기사도 규칙을 준수하며 교회를 지키고 약자를 보호할 것을 서약하고 있다. (프랑스 국립 도서관 소장)

조프루아 드 샤르니는 14세기에 프랑스 왕을 섬긴 기사로서, 푸아티에 전투에서 전사하였는데 이상적인 기사로 칭송받았다. 그리고 기사도의 본질과 기사의 의무를 논한 『기사도에 관한 책』이라는 저술을 남겼다. 거기에서 그는 특별한 의식으로 발전한 기사 서임식 속 각각의 행위와 의상이 무엇을 상징하는지에 관하여 자세히 서술하고 있다. 기사 서임 후보자는 먼저 모든 죄를 고백하고, 영성체를 받기에 걸맞은 깨끗한 마음이 되도록 서임식 전야에 몸을 씻어 죄 많은 사악한 생활의 더러움을 정화한 뒤, 청결한 흰 천을 씌운 새 침대에 누워 쉰다. 머지않아 선배 기사들이 침대로 찾아와 옷을 입혀주는데 그것도 하얀 새 아마포 옷으로서, 앞으로 죄와 인연을 끊고 부정 없는 생활을 보낼 것임을 의미한다. 이어서 기사들은 서임 후보자에게 붉은 로브를 입혀준다. 그것은 그가 주인에게 충성을 다하기 위해 피를 흘리며 거룩한 교회의 법을 옹호할 것이라는 의미이다. 그리고 나서 검은색 긴 양말을 가져오는데 이것은 흙에서 와서 흙으로 돌아감의 상징으로, 이로써 그는 죽음을 각오하게 된다. 계속해서 장착하는 흰 거들은 늘 순결하고 청결해야 함을 뜻하며, 어깨에 두르는 붉은 망토는 겸양의 증표이다.

이렇게 몸차림을 끝낸 후보자는 교회로 인도된다. 그곳에서 그는 철야 예배를 통해 이제까지의 죄를 사죄하고 신에게 기도한다. 그리고 다음 날 선배 기사들은 그를 미사에 데려가 봉사와 자애로써 기사도를 완수하기를 기원한다. 그것이 끝나면 금색 박차 수여, 평화의 입맞춤, 검으로 어깨 두드리기 등의 의식이 이어진다.

기사 서임식은 전통적으로 교회의 축제일—성탄절, 부활절, 특히 성령강림절(펜테코스테) 등 축일—에 거행되는 경우가 많았다. 실시되는 장소=상황에 관하여 살펴보면 보통 궁정 또는 교회에서 이루어지다가 갈수록 교회가 늘어나며, 그 밖에 교회에서 떨어진 장소에서 한꺼번에 대량으로, 그것도 보다 간단한 형식으로 시행되기도 하였다. 바로 군주의 혼례, 대관식, 행군 도중, 전장 등에서 군주가 더욱 화려하게 부와 권력을 과시하고자 실시하는 경우였다.

따라서 정식 기사 서임식이 중세 중반 이후 점점 더 그리스도교화되어 전례로서의 비중이 커졌다고는 해도, 실제로 그러한 서임식만 열린 것은 아니다. 또한 교회에서 성직자가 주관하는 서임식을 받았다고 해서 특별히 기사들의 자각이 한층 깊어져 교회에 봉사하자는 기운이 고조된 것도 아니었을 것이다. 그래도 의례를 통해 야만적인 전사들을 '그리스도의 전사'로 변모시키려는 교회의 의도는 세련된 사교·예의 작법을 선호하던 중세 성기 이후의 궁정 문화와 맞물려 서서히 성과를 거두게 된다.

신종례

본래 기사란 귀족 안에 포함되면서도 그 하층에 위치하여 자신의 자산·권력 기반을 갖지 않은 채 종속적 지위에 있었으나, 봉건제가 확산되면서 기사와 가신의 구분이 옅어졌다는 점에 관해서는 이미 서술하였다.

그렇다면 그러한 '가신'이 되려면 어떻게 해야 할까. 여기에도 독특한 의식이 존재한다. 다만 이쪽은 기사 서임식과는 달리 어쩐지 그리스도교적 색채가 거의 없다. 이 의례

✤ '아우크스부르크 사격 경기 대회(1509년).' 아우크스부르크에서 9월에 열린 다양한 스포츠 경기회. 달리기 경주, 돌 던지기, 경마 등이 보인다. 1570년경의 사본에서.

✽ 신종례. 카셀에서의 승리 후 1329년 잉글랜드의 에드워드 3세가 발루아 가의 필리프 6세에게 신종례를 행하고 있다. 『프랑스 대연대기』의 사본 삽화에서. (프랑스 국립 도서관 소장)

가 성립한 것은 10세기 말이며, 이른바 봉건제 제2기(11세기 중반 이후)에 확산되었다.

신종례가 이루어지는 무대는 기사 서임식과 마찬가지로 교회의 제단 앞 또는 영주의 성관 홀이었다. 주군과 가신이라는 당사자 외에 증인으로서 많은 관중이 모였다. 의례는 다음과 같은 세 단계로 구성된다.

우선 첫 번째 단계는 '손의 교차'라 불리는 동작이다. 즉 가신은 주군 앞에 나아가 무릎 꿇은 뒤 주군의 양손 안에 자신의 양손을 집어넣고 '당신의 가신이 되고 싶다'고 말한다. 이러한 손의 교차는 게르만에서 기원한 것으로, 메로빙거 왕조 시대에도 충신의 서약을 하는 데 필요했다. 그러나 봉건적 신종례에서는 계속해서 주군이 그 회답으로 쌍방의 영원한 사랑을 상징하는 평화의 입맞춤을 한다는 점이 다르다. 먼저 손의 심벌리즘은 감싸는 쪽이 감싸이는 쪽보다 우위에 섬을 과시하는 보호와 복종의 증표로서 이에 따라 주종 관계가 명시되며 ―즉 이것이 신종례의 중핵인 탁신(託身)―, 이어서 상호 간에 평등한 충성을 약속하는 우애의 증표인 입맞춤의 심벌리즘을 통해, 처음에 표명된 주종의 격차를 살짝 수복하는 평등하고 성실한 관계를 드러내는 것이다.

두 번째 단계에서는 가신이 주군에 대해 성서와 성유물을 걸고 충성을 서약한다. 이 부분에서는 교회의 영향이 명료하지만, 신종례 전체적으로는 그리스도교적 윤리의 침투가 거의 나타나지 않는다고 할 수 있다.

그리고 마지막 세 번째 단계에서는 주군이 가신에게 봉토를 수여하게 된다. 그때 실제로 건네는 것은 토지·재산의 보유권 이행을 상징하는 여러 종류의 상징물이다. 즉 토지 수여를 나타내는 작은 가지나 한 줌의 흙과 풀, 혹은 벌령권(罰令權) 수여를 상징하는 지팡이와 도검 등이었다.

신종례란 봉토의 수취·교섭·상속·매입 등의 필요성이 발생할 때 이루어지는 측면이 있다. 따라서 상하·주종 관계라고는 하지만 이것이 주군에 대한 가신의 절대적 종속을 나타내는 것은 전혀 아니다. 오히려 상호 간의 계약적 의무를 만들어내기 위한 의례였다. 그렇기 때문에 가령 A, B라는 인물이 있을 때, 어떤 봉토에서는 A가 주군이 되고 B가 가신이지만 다른 봉토에서는 A, B의 역할이 역전하는 교차 신종례도 존재할 수 있었다. 또한 그 밖에 상호 신종례의 예도 있다. 이는 항구적 평화를 수립하고자 하는 요망에서 비롯된 것으로서 12세기의 에노 지방, 13세기의 플랑드르와 노르망디에서 유행하였다. 본래 신종례에는 '화해'를 성립시키는 역할이 있어, 토지 재산·권리를 다투던 귀족끼리 치열한 교섭을 거듭한 끝에 서로 화해할 때 그 증표로서 시행한 것이다.

기마창 시합

전쟁을 할 기회가 줄어든 중세 성기 이후 기사들의 활약 무대는 모의적 전쟁, 즉 기마창 시합으로 옮겨간다. 기마창 시합에는 크게 두 가지가 있다. 집단전인 토너먼트와 일대일 대결인 주트(자우스트)이다. 토너먼트가 최초로 언급된 것은 11세기 말에서 12세기 초반이며, 13세기 중반부터는 온갖 궁정 집회, 특히 결혼과 기사 서임식에 결부된 행사로 널리 인식되었다. 이탈리아와 북프랑스, 저지대 국가 등에서는 왕후뿐만 아니라 도시 당국도 이 귀족적 유희를 주최하였다.

이것은 모의 전쟁인 동시에 새로운 무기 사용 기술을 연습·피로하는 장도 되었다. 눈부신 활약을 펼친 기사는 명성이 높아지고 여성들에게 동경의 대상이 되는 반면, 패자는 포로가 되어 명예를 잃을 뿐 아니라 말과 무구 등도 몰수당해 몸값을 지불하지 않으면

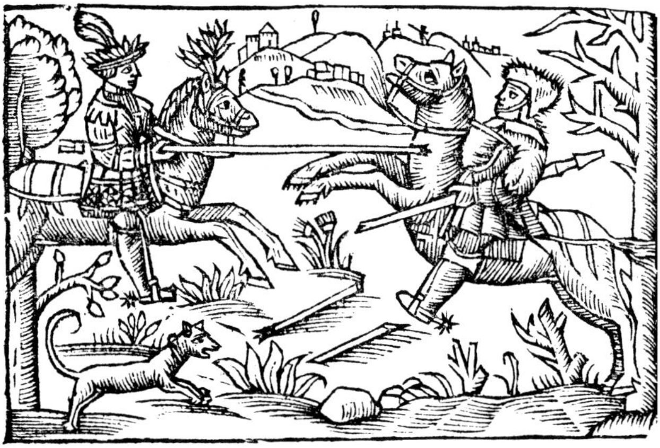

✠ 겨울과 여름의 토너먼트. 올라우스 마그누스 『북방 민족의 역사』, 베네치아·1565년의 삽화에서. 올라우스는 북방 민족에 관한 광범한 역사를 저술하였는데, 그 안에서 스웨덴 남부 여러 도시에서 벌어지던 5월 1일의 봄 축제를 소개하고 있다. '겨울'과 '여름'의 인도를 받는 두 기사 집단이 토너먼트로 맞붙는다. 이 그림에서는 모피를 입은 '겨울'의 창이 이미 부러져 있다.

안 되었다.

토너먼트가 실전과 다른 점은 경기로서의 규칙이 존재하는 점, 시합 진행자인 동시에 기록원이기도 한 문장관(紋章官)이 존재하는 점, 적의 공격을 받지 않는 안전지대가 설치되는 점, 드레스 소매 따위를 마음에 드는 기사에게 선사함으로써 응원하고 시합 후에는 상품을 수여하는 귀부인과 악사·종글뢰르(광대·음유시인)가 분위기를 고조시켜주는 점 등이었다. 그렇다고는 하지만 위험도 결코 적지는 않았다. 상대를 낙마시키는 것만이 목표로서 죽이는 것은 논외였으나 사망자가 나오는 일도 드물지 않았으며 경제적 손

✤ 바티칸 중정 극장의 토너먼트. 에티엔 뒤페라크의 동판화(1565년). 동년의 사육제에
서 치러졌다.

실도 컸기 때문이다.

　이것은 특히 북프랑스에서 대인기로 1170~1180년에는 2주에
한 번씩 열렸다고 한다. 이윽고 이 인기는 다른 지역에도 확산되
었고, 유명한 기사에 대한 평판과 함께 기사도와 그 이데올로기 또
한 널리 알려졌다. 시합 개시 신호가 내려지면 횡대로 마주하고
늘어선 양 진영 두 열의 중장기병대가 먼저 장창을 수평으로 겨누
고 상대에게 돌진한다. 격렬하게 충돌하여 창이 부러지면 검을 뽑

✤ (왼쪽)토너먼트 장면. 위에서는 빌레할름이 이스파니아 왕과 결전을 벌여 승리하고 있다. 아래는 저녁 무렵의 축연으로, 푸른 바탕에 은색 백합이 그려진 방패 문장을 통해 빌레할름의 자리를 나타내고 있다. 『오를레앙의 빌레할름(기욤)』 사본(1441년)에서.
✤ (오른쪽)왼쪽과 같은 사본에 수록된 메이스(곤봉) 토너먼트 장면. 갑옷을 입고 유서 깊은 귀족 가문임을 상징하는 메이스 토너먼트용 투구를 쓰고 있다. 둥근 울타리 앞에서는 빌레할름이 연인 아멜리의 종자에게 편지를 건네는 중이다.

아 싸우는데, 기사들은 공격과 방어를 함에 있어 자신의 무술과 승마술, 동료와의 절묘한 팀워크는 물론 그 미덕을 주위에 널리 알리고자 가급적 눈에 띄려 했다. 용기와 무력, 패자에 대한 연민, 귀부인에 대한 우아한 태도, 문장관·무구제작사·종자·종글뢰르에 대한 아량 등이 높은 평가를 받았다.

✱ 앙주 백작 르네(르네 왕)의 토너먼트 책 사본(1510경~1520년)에서. 양 진영이
무장하고 만반의 준비를 갖춘 채 대치하고 있다.

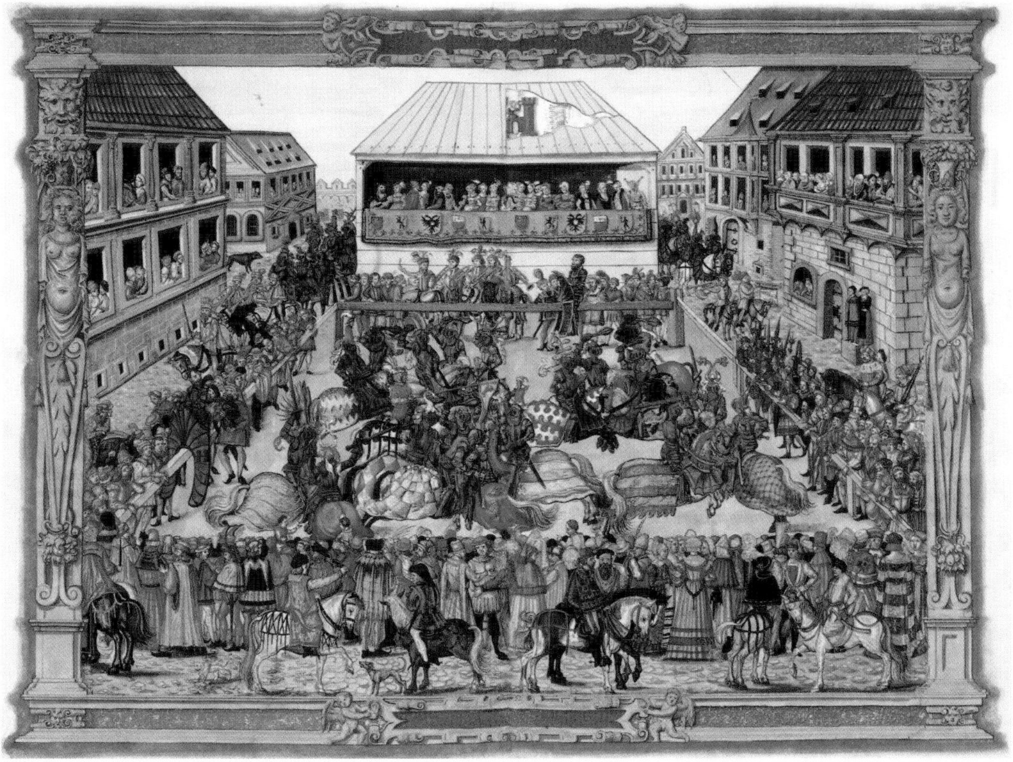

✠ 중세 후기 독일에서 벌어진 메이스와 무딘 칼을 이용한 토너먼트. '파울루스 헥토어 마이어의 검술 책' 사본(1542년경) 삽화에서. 메이스를 이용한 싸움, 그리고 그 후 이루어지는 무딘 칼로 상대의 투구 장식을 노리는 싸움이 함께 그려져 있다.

교회는 거듭된 공의회의 결의(1139년, 1179년, 1215년 등)를 통해 토너먼트를 증오해야 할 만행이라 비난하고 금지하려 했으나, 파문을 내세우며 지옥에 떨어진다고 으름장을 놓아도 기사들은 좀처럼 말을 듣지 않았다. 그래서 1316년 교황 요한 22세(재위 1316~1334년)는 하는 수 없이, 그것이 십자군을 위한 대비가 된다면 행해도 좋다고 부득이 인정한다.

두 명의 기사가 싸우는 일대일 대결(주트, 자우스트)은 일반적으로

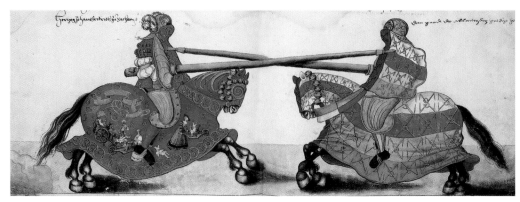

✶ '작센의 요한 프리드리히 1세의 토너먼트 책'(1535년경) 사본 삽화에서. 이 사본에는 작센 선제후 요한 프리드리히(재위 1532~1547년)가 1521년부터 1534년까지 참가한 146개 이상의 토너먼트가 기록되어 있다. 이 그림은 1527년 게오르크 폰 할슈타르와 대결하는 장면이다.

집단 기마전인 토너먼트 전에 실시되었다. 말에 올라탄 채 서로를 향해 맹돌진하여 장창을 목 또는 방패 중앙에 맞혀 상대를 낙마시키는 것이 목표였다. 패자는 역시 무구와 말을 빼앗겼다. 일대일 대결은 어느 쪽이 강한지 명확히 드러났기 때문에 귀부인에게 인기가 높아 13세기 이후 토너먼트 이상으로 유행하게 된다.

격돌할 위험도 존재하는 등 당초 상당히 위태로운 경기였지만, 13세기 중반 이후로는 칼날을 일부러 무디게 하거나 창끝을 구형 또는 왕관형으로 만들었고, 나아가 15세기 들어서는 시합 상대를 다른 레일로 분리하는 장벽을 세워 위험성을 줄였다.

중세 말 들어 무구 장비의 시세가 급등하면서 더욱 많은 비용이 들게 되자, 기마창 시합은 형식만 차린 극장적 성격을 띠어간다.

❈ 발터 폰 데어 클링겐 경. 귀부인이 지켜보는 가운데 늠름한 모습을 뽐내려 분발하고 있다. 마네세 시가집(1305~1340년) 사본에서.

그 결과 지위가 낮은 귀족은 참가하기 힘들어졌고, 머지않아 조상 4대에 걸쳐 기사임을 자부하는 자들의 폐쇄적 엘리트 집단이 축제 시 행하는 특권적 유희가 되었다.

사냥

'사냥'도 기마창 시합과 함께 귀족=기사가 평시에 하던 중요한 활동이자, 귀족 신분의 특권적 유희였다. 실제로 그 수렵물이 식탁에 오르기도 했으나 양적으로는 아주 적어 상징적인 것이었고, 일종의 스포츠라 해도 오늘날의 스포츠와는 취지가 달랐다. 더구나 기마창 시합과도 달리 군사 훈련 요소는 거의 없었다.

프랑크인은 사냥을 매우 좋아하여, 사냥에 대한 카롤루스 대제의 열정은 71세로 세상을 떠나기 직전까지 계속될 정도였다. 사냥을 귀족(기사)이 독점하고 다른 신분에게는 금지하는 법령도 이 시대부터 만들어졌다. 카롤링거 왕조 멸망 후에는 백작 등이 왕의 권리를 빼앗아 자신들의 '사유림'을 설정하고, 그 안에서의 들짐승 사냥과 야생 동물 사육지에서의 토끼 사냥을 독점한다.

중세의 사냥은 종류가 매우 다양했으며, 사냥감·개와 매 등 보조 동물·포획법에 따른 독특한 의식과 서열이 존재했다. 참가하는 남자들에게 주인, 종자, 사냥개 담당자, 몰이꾼이라는 식으로 서열과 지시 체계가 있는 것은 물론이지만 사냥감에도 서열이 있었다. 가장 고귀한 동물은 수사슴—중세 초기에는 곰이었으나—

✖ 쇠뇌를 이용한 두루미 사냥. 『건강 전서』 사본 삽화(14세기 말)에서.

이었고, 멧돼지가 그 뒤를 이었으며 하급 사냥감은 여우와 산토끼
였다. 그리고 종별 —사슴, 노루, 다마사슴, 멧돼지, 토끼, 곰, 늑
대, 여우, 오소리, 물새 등— 사냥 순서와 인원·사냥개와 독수리의
준비·개를 향한 여러 가지 신호, 사냥감 추적·포획법, 해체법 등

peu long. Et quant les loups ve
dront pour mengier et ilz seront
entre la charoigne et les hõmes.
les hommes se doivent lever &
crier apres le loup et geter bas
tons apres luy. et le faire fuir
es reyz. et le tuer ou prendre vif
silz veulent. ainsi que plus a
plain est figure yci. Toutesvoyes
sur toutes choses doivent regar
der le vent. Aucuns getent le
vriers apres. maiz je lay bien
veu retourner. car les levriers
le hastoyent trop.
Cy devise cõment on puet traire aux bestes a larbaleste & a larc de main.
Aussi puet on
prendre les
bestes a traire
aux arcs et a
larbaleste et
a larc de maĩ
qui on appelle angloys ou tur
quoys. Et se le veneur veult
aler traire aux bestes et il veult
auoir arc de main. larc doit
estre dyf ou deultre boys & doit
auoir de long de lune oulche

✠ 쇠뇌와 활을 이용한 사슴 사냥. 가스통 페뷔스 『사냥서』 사본 삽화(1410년경)에서.

✠ 스패니얼견 두 마리와 함께 매사냥으로 자고새를 잡으려 하고 있다. 『모뒤스 왕과 라티오 왕비의 책』 사본 삽화(1379년)에서

이 면밀히 정해져 있었다.

중세 성기부터 중세 후기에는 사냥에 관심을 보인 왕후귀족들이 사냥 절차와 사냥개·매 돌보는 방법 등을 담은 '사냥서'를 썼다. 유명한 것으로는 신성 로마 황제 프리드리히 2세(재위 1215~1250년)가 쓴 『매사냥 기술에 대한 책』과 중세 말 남프랑스의 대영주 푸아 백작 가스통 페뷔스(1331~1391년)가 쓴 『사냥서』가 있다. 전자는 라틴어로 쓰였으며 새들의 해부학적·생리학적 특징을 논하는 한편, 맹금류를 수렵용으로 길들이는 방법을 세세한 부분까지 가르쳐주고 있다. 프랑스어로 된 후자는 대단한 사냥광이자 숙달된 사냥꾼이던 가스통이 풍부한 경험과 관찰을 바탕으로 기록한 것으로서, 먼저 다양한 수렵 조수(鳥獸)의 생활에 관하여 해설한 뒤 몰이, 추적, 포획, 해체 방법 등을 알려준다. 또한 개의 위생학적 측

면과 개집에 관한 내용, 올가미와 그물, 그 밖의 덫을 이용한 사냥에 대해서도 언급하고 있다. 독창성을 주목받으며 대성공을 거두었고 후대에 미친 영향도 컸다.

사냥은 기본적으로 남자들의 것이었으나 여성도 몽둥이로 토끼를 때려잡곤 했던 데다, 중세 말의 채색 사본에는 매사냥에 참여하는 여성의 모습이 묘사되어 있다. 또한 사냥에 나서는 남자들의 출발을 배웅하거나 잡은 수확물로 연회를 열어 축배를 들 때는 여성도 함께했다.

기마창 시합에 대해서도 그랬듯 이교도 티가 물씬 나는 귀족들의 사냥을 당초 교회는 크게 경계하며 반대했다. 하지만 12세기를 경계로 보다 온화한 형태로 순화하여 용인하게 된다. 이를테면 이교 느낌이 강한 곰 사냥은 비난하고, 그 대신 사슴 사냥을 고귀한 사냥으로서 칭송하는 식이었다.

✤ (왼쪽)강변에서의 매사냥을 묘사한 그림. 이탈리아의 매사냥론(15세기) 삽화에서. 스패니얼견이 물새를 잡으려 하고 있다. 위쪽에서는 매가 왜가리를 공격하며, 그레이하운드는 바로 협력하려 태세를 갖춘다.

COLUMN 2

기사 차림의 잔 다르크

✠ '기사가 된 양치기 소녀.' '잔 다르크 재판 기록' 사본 삽화에서. 생빅토르 수도원장 니케즈 들로름(1488~1514년)을 위해 필사한 것. 양치기 지팡이는 미늘창, 실패는 검으로 바뀌어 있다. 오른쪽 숲은 동레미 마을에 있는 요정의 숲이며, 잔이 오른손으로 가리키는 성은 왕국을 상징하는 듯 보인다.

전쟁은 남자의 세계이다. 따라서 당연히 기사는 남자로 한정된다. 전시에 여자가 할 수 있는 일이란 남편이 자리를 비운 사이 집을 지키고 아이를 돌보며, 고용인에게 적절한 지시를 내리는 동시에 농민의 불만을 억제하면서 영지를 견실히 관리하는 것이었다. 제1차 십자군에 관한 기록에 따르면 동행한 여성이 큰 소리로 십자군 병사들의 전투를 응원하거나 물을 길어 오는 등 지원했다고 하지만 이는 예외적일 것이다. 그리스 신화에 등장하는 여전사 아마존(아마조네스)이 공포와 호기심 어린 관심을 모은 것은 흑해 연안에서 캅카스, 스키티아 주변에 거주하던 비할 데 없이 용맹한 이 여전사가 남자의 기술이라 여겨진 전쟁과 수렵에 거리낌 없이 관여

하며, 뛰어난 기마술과 활·창·도끼 등 여러 분야의 능숙한 무기술로써 놀랍게도 남자 못지않은 역할을 수행했기 때문임에 틀림없다. 물론 귀부인이 암말을 타고 여행하기도 하는 등 여성이 전혀 말을 타지 않았던 것은 아니지만 말이다.

그런데 백년 전쟁 종반에 이르러, 남자들 틈에 섞여 적진으로 쳐들어간 한 명의 소녀가 나타난다. 바로 잔 다르크이다. 그녀는 소박한 농가의 딸이었으나 신의 계시를 받고, 부르고뉴 공작가와 결탁하여 북프랑스를 장악한 잉글랜드 세력으로부터 프랑스를 구하고자 일어선다. 그녀는 1429년 2월 시농에서 왕태자를 알현한 후, 오를레앙 시를 해방하기 위해 그곳으로 향했다. 그리고 어깨에 화살을 맞으면서도 난전의 선두에 서서, 잉글랜드군과의 공방의 대상이던 교두보 투렐을 탈환하는 데 성공한다. 5월 8일 마침내 잉글랜드 병사들은 포위를 풀고 퇴각했다. 이윽고 잔은 왕태자를 랭스 원정으로 이끌어, 그곳에서 대관식을 거행하고 정식 왕위에 오를 수 있도록

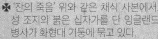

✠ 앙투안 뒤푸르의 『유명한 여성들의 전기』(1505년경) 안에서 발췌한 용맹한 잔. 정복한 도시에 개선 입성하는 모습. 호화로운 갑주를 걸치고 백마에 올라탄 묘사는 16세기 잔 이미지의 특징이다.

하였다.

이 구국의 소녀 잔 다르크는 직접 말을 몰고 기사들의 선두에 서서 싸웠다. 연대기 작자가 전하는 바에 따르면 그녀는 사슬 갑옷에 갑주를 껴입고, 주홍색 바탕에 금실과 은실을 화려하게 짜 넣은 짧은 망토를 걸쳤으며, 나아가 장검과 단도, 창을 장비한 채 백마 혹은 회색마에 올라타 위풍당당하게 진군했다고 한다. 그리고 어떤 병사보다도 용감하게 싸웠다고 전해진다. 1430년 부르고뉴 공작 휘하 부장의 군에 붙잡혀 포로가 된 잔은 잉글랜드 측에 넘겨져 이단 심문을 받았다. 1431년 1월~5월의 일이다. 결국 이단 선고를 받고 화형에 처해지는데, 그 이단 혐의의 큰 부분을 차지한 요소는 그녀가 '남장'을 했다는 사실이었다.

제4장
기사도

기사도라는 말은 기사가 사라진 오늘날에도 종종 사용된다. 특히 '기사도 정신'은 임협(任俠)의 서양판으로서 긍정적으로 평가받고 있다. 기사도 정신을 체현하는 남성이란 단정한 신사이자, 용기와 정의감이 넘쳐 여성과 약자에 대해 배려 가득한 행동을 솔선해서 하는 사람일 것이다. 그러나 중세의 기사도 정신은 그 내용이 시기에 따라 유동적으로 크게 변화한 탓에 파악하기 어려운 것이 사실이다. 이는 역사의 흐름 속에서 여러 가지 행동 양식, 미덕이 기사도라는 이름하에 계속 쌓여갔기 때문이다.

기사의 미덕이란 무엇인가

기사들이 탄생하고 자신들만의 집단·단체로서의 의식이 고조되자 그들은 그 예의 작법, 몸가짐을 규범화하려 하였다. 그리고 그것은 몇 가지 '미덕'으로 정리되어간다. 그중 어떤 것은 게르만 시대 이래의 남성 사회—같은 수장을 모시는 평등한 동료끼리의 사회—가 가진 덕의(德義)를 계승하였다.

우선 기사는 적을 타도할 만한 힘이 없으면 존재 가치가 없으므로 '용맹'이 기사도의 덕 가운데 첫째였다. 그 밖의 미덕은 용맹을 더 크게 떨칠 수 있도록 그 뒤에 부수되는 식이다.

그러한 이차적 미덕 중에서 중요한 것으로 '충성'이 있다. 기사는 개인이 아닌 집단적 존재이자 주군에게 봉사하는 존재였기 때문에 이 미덕도 중요하다. 다음은 '도량', 구체적으로는 시원스

✠ 16세기의 연회도. 혼란스럽다. 기사 된 자는 예의 작법의 일환으로서 테이블 매너도 갖추어야 했을 텐데 말이다. '연회·요리의 구성'(1549년)에서.

러운 선물이다. 이 미덕의 입지가 높아진 것은 12세기의 종글뢰르들이 비호자 밑에서 일하며 그들의 배포를 추어올렸기 때문이기도 하였다. 장부 기록에 따르면 잉글랜드 에드워드 3세(재위 1327~1377년)의 장남 에드워드 흑태자(1330~1376년)는 음유시인, 기사, 휘하 영주와 그 형제, 부인에게 금은잔, 말, 다량의 매 두건,

박차, 현금을 나누어주었다고 하며, 그럼으로써 대단한 '도량'의 소유자로 칭송받았다.

여기까지는 게르만 전사에게도 공통적으로 적용되었고, 그 후 중세 성기 들어 궁정 생활에서 귀인 남녀가 원만히 지내기 위해 새로 만들어진 미덕의 집합체가 '궁정풍 예절'이다. 거기에는 여러 가지 내용이 있으나, 일단은 기사의 동료로서 처신하며 대화와 사교에 예의를 가지고 임하는 것, 그리고 여성에 대한 배려와 예의 바른 행동, 봉사이다. 1150년경부터 기사도는 연애 측면을 갖추기 시작하여, 서정시인인 남프랑스의 트루바두르와 북프랑스의 트루베르가 열정적으로 남녀의 사랑을 노래했다. 그에 따른 '솔직함'—자유롭고 솔직한 태도로서, 훌륭한 혈통과 미덕이 조합되었다는 눈에 보이는 증거—도 종합적인 덕목이라 할 수 있을 것이다.

이러한 온갖 미덕은 명성·영예를 가져다준다. 그리고 반대로 위와 같은 미덕이 결여된 사람은 불명예한 사람으로서 경멸받고 창피를 당하게 된다. 더구나 평소 집단 속에서 생활하는 기사들이기에 미덕을 잃고 부끄러움을 느끼면 그 집단에는 더 이상 머물 수 없는 상황에 빠지고 만다.

기사도의 미덕, 그중에서도 충성·예절·자애·관용 등에는 그리스도교적 관념의 영향이 종종 나타난다. 그러나 교회가 기대함 직한 장면, 이를테면 빈자와 약자, 교회·성직자를 보호하는 장면이 크레티앵 드 트루아 등의 궁정풍 이야기에 전혀 등장하지 않는 — 귀부인, 소녀, 과부 등 여성에 대한 원조는 때때로 등장하지만—

것은 문학에서든 현실에서든 그러한 행동이 기사들의 관심을 끌지 못했기 때문일 것이다.

12~13세기 이후 기사는 전 유럽에 명망을 떨치는데, 그것은 시인·작가에 의해 그 이상적인 이미지, 기사도 정신이 다듬어진 시기이기도 하다. 그리고 이는 기사들이 현실 사회에서 존재감을 잃어간 중세 말에서 근대에 걸쳐서도 바람직한 사회인의 윤리와 예절로서 계승되어 부르주아들에게까지 영향을 미치게 된다.

기사의 육성

그렇다면 기사는 실제 어떤 식으로 심신을 단련하고 기술과 지식을 익혀 한 사람 몫을 할 수 있게 되었을까. 다시 말해 아이에 대한 기사 교육은 어떤 식으로 이루어졌을까. 이에 관해서는 사료가 적어 알 수 없는 부분이 많지만, 대략 다음과 같이 진행되었으리라 여겨진다.

✖ 젊은 아들에게 설교하는 늙은 아버지. 아들은 멍하니 있다. 높이 차를 이용해 부자의 세대 간 상하를 나타낸다. '부자의 대화' 프랑스, 14세기 사본에서. (프랑스 국립 도서관 소장)

✖ 강변 사냥을 위한 출발. 선두에서는 종자 한 사람이 두건을 씌운 매 두 마리와 긴 막대를 들고 일행을 선도하고 있다. 그는 뒤를 돌아보며 주인의 지시를 기다리는 중이다. 『베리 공작의 매우 호화로운 시도서』(1410~1416년)에서.

11~12세기 왕후귀족 사이에는 자신의 아들이 7세가 되면 친척, 보통 외숙부(대개 사회적 신분이 높다)에게 보내 무기를 받을 나이가 될 때까지 교육과 훈련을 받으며 머물게 하는 관례가 있었다. 그리고 그 아이가 18~20세 언저리가 되면 숙부 혹은 다른 인물에게 견습기사에서 기사가 되기 위한 서임을 받는다.

보다 일반적으로는 다음과 같은 집단적 교육법도 존재했다. 대부분의 영주는 기사 집단을 집에 거느리고 있었는데, 이들 기사들이 젊은이를 훈련시키는 역할 또한 담당했던 것이다. 기사가 되려는 아이들은 그런 저택에 함께 살며 수행을 했다.

제 몫을 하는 기사=전사가 되기 위한 훈련은 매일 차근차근 쌓

✠『의상서』독일. 16세기. 기사 지망생은 7~8세에 시동이 되어 가사·잡일을 하면서 초보적인 무술 훈련을 받아야 했다. 마태우스는 7살 때 황제 막시밀리안 1세의 어릿광대 시동으로 임명된다. 못마땅한 늙은 주인이었으나. 3주간 그의 시중을 든다. 축제 깃발을 들고 있는데. 깃발의 그림은 주인이 배설물에 코를 처박은 돼지 같은 존재임을 나타낸다. (프랑스 국립 도서관 소장)

✠ (왼쪽)활쏘기 훈련을 하는 귀족. 전사가 되기 위해 필수적이었다. 15세기 사본에서. (프랑스 국립 도서관 소장)
✠ (위)과보호 받던 어린 시절에서 벗어나 기사(도)의 세계를 발견한 젊은 페르스발은 어머니에게 작별을 고한다.『페르스발 이야기』14세기. (프랑스 국립 도서관 소장 사본에서)

아야 했다. 제일 처음에는 우선 잔심부름꾼으로서 마구간을 청소하고 심부름도 한다. 이어서 시동으로서 말을 돌보면서 성의 귀부인을 모시거나, 동년배 소년들과 함께 마술 훈련을 하고 창·방패 다루는 법을 익히며 개와 매 등을 이용한 사냥법을 배웠다. 마지막으로 14세 무렵이 되면 견습기사로서 토너먼트와 전쟁에서 주인 기사의 신변을 돌보고, 갑주 및 무기의 운반과 수리를 담당하였다.

물론 무예 훈련과 더불어 궁정 작법을 배우며 기사도 정신도 습

✠ 마구간 앞에서 승마 훈련을 하는 젊은이. 안장을 얹지 않은 말도 탈 줄 알아야 했다. 15세기 사본에서. (프랑스 국립 도서관 소장)

✠ 견습기사. (바이외 태피스트리에서)

득한다. 봉사 정신, 베풀기를 아끼지 않는 너그러움과 절도 있는 지출, 동료들 사이에서의 바른 행동, 여성 대하는 법 등을 익혀 갔다. 또한 읽고 쓰기와 외국어 소양을 쌓고, 하프와 비올라 등의 악기 연주를 배우는 고위층도 있었다.

궁정풍 연애

　기사의 미덕 가운데는 궁정풍 예절이 있다고 서술하였는데, 귀부인을 사랑하며 봉사할 때 비로소 기사는 완덕(完德)에 이를 수 있다, 즉 미덕이 완성된다는 생각을 처음 확산시키려 한 것은 트루바두르와 트루베르, 그리고 독일의 미네젱거들이었다. 귀부인에게 애정을 품어야 용맹해질 수 있다는 관점으로서, 여성 숭배가 용맹과 결부된 것이다.

　트루바두르 등 서정시인 이후에는 궁정풍 로망을 거쳐 궁정풍 연애, 그리고 궁정풍 예절이라는 가치 체계가 형성되어간다. 이는 남녀 관계뿐만 아니라, 보다 넓은 사회관계의 이상인 동시에 개인의 완성·완덕을 지향하는 것이기도 하였다.

　궁정풍 연애(피나모르 [fin'amor])란 여성에 대한 경의와 인간애 그 자체에 대한 가치 인식이 영적 향상을 촉진한다는 생각이다. 그것은 이 세상의 현실과 유리된 신비적 사랑과 다르며, 생

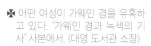 어떤 여성이 가웨인 경을 유혹하고 있다. '가웨인 경과 녹색의 기사' 사본에서. (대영 도서관 소장)

Comment lacteur du liure Pome va au verghier de
deduct Lequel treuue en son chemin La deesse dyanne

Pdit apres lacteur du Liure dessus dit Et ne quant venus se su de lui partie il se

mist au chemin hastiuement pour sen aller au plus droit quil pourroit au verghier de deduit en la maniere que venus la deesse lui auoit conseille Se ne alla pas dra ment quil approcha de vne

리적 욕망을 충족할 뿐인 야만적인 남자들의 난폭한 사랑과도 다른, 육체를 기초로 하면서도 우미하고 억제되어 예의에 어긋나지 않는 사랑의 작법이다.

거기에서 여성은 소망의 대상이지만 소유의 대상은 아니다. 따라서 결혼에 따라오는 속박으로부터 자유롭다. 남성이 이 사랑을 따르고자 한다면 자기 부정, 복종, 극기 등의 미덕을 가질 필요가 있다. 완전한 사랑을 추구하는 남성은 남편과는 대극에 있는 존재이고, 사랑받는 여성은 궁극적으로 멀리 있는 존재이다. 사랑을 하는 남성은 그 간극에 탄식하며 귀부인의 선한 자질을 노래하는 것이다.

궁정풍 연애는 기혼 상태인 귀부인에 대한 간통 연애이기 때문에, 본질적으로 그리 쉽게는 성취할 수 없는 사랑이다. 그러므로 연인과 귀부인 사이에는 아주 먼 거리가 있다. 그것은 실제 공간적 거리, 트루바두르인 조프레 루델의 '멀리 있는 사랑'—본 적도 없고 지리적으로도 먼—과 같이 표출되기도 하지만, 보다 일반적으로는 베르나르 드 방타두르의 시 등에 전형적으로 나타나는 심적 거리이다. 기다리기 애타고 다가가기 어려우며 어쩐지 불안한 그 같은 마음은 시인 저마다의 독특한 방식으로 트루바두르의 서

✠ (왼쪽)『사랑의 체스 책』의 15세기 사본 삽화에서. 궁정풍 연애는 쾌락이 아닌 미덕을 추구하는 사랑의 작법이었다. 주인공이 베누스의 조언에 따라 '데뒤이의 정원'으로 가던 도중 숲 속에서 여신 디아나를 만난다. 디아나는 세상에서 충성, 정의, 정결, 신덕 등의 미덕이 사라졌음을 슬퍼하며, 베누스 탓에 모두가 관능의 기쁨을 추구하여 위험한 '데뒤이의 정원'에 가고자 한다고 근심한다.

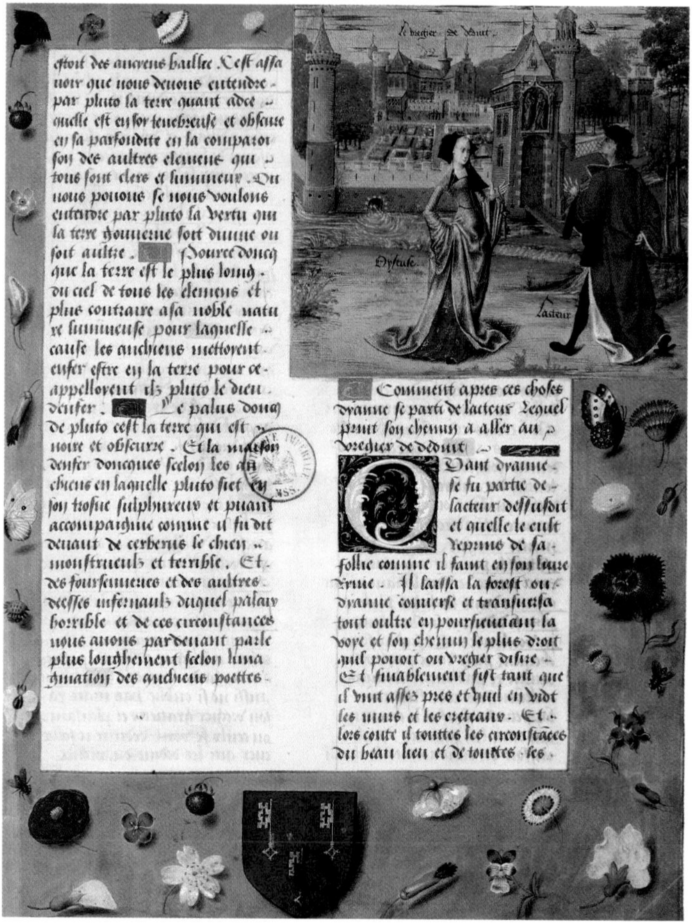

✠ 마찬가지로 『사랑의 체스 책』에서. 주인공은 '데뒤이의 정원' 한 구획을 차지하는 베누스의 우미하고 쾌락 가득한 정원 앞에서 문지기인 우아죄즈를 만난다.

정시에 집요하게 표현되고 있다. 이 거리가 좁혀질 때, 즉 귀부인과 기사가 가까워질 때 비로소 '기쁨'은 탄생한다.

트루바두르가 노래하는 '사랑'은 영주의 부인에 대한 미천한 기사나 시동의 사랑으로서, 신분적 상하 관계에 있기 때문에 결코 대등하지 않다. 바꿔 말해 거기에는 사회적 '거리'도 존재한다. 그러므로 기사는 마님에게 절대복종하며, 숭배하는 마님이 바라는 봉사를 무엇이든 해야 했다. 귀부인들의 요구 수준은 높아, 군사적 명성은 물론 귀부인인 자신에게 걸맞은 자질을 요구했다. 귀부인을 사랑하는 기사 된 자라면 항상 늠름하고 청결하며, 호화로우면서도 말쑥한 의복을 착용하고, 밝고 즐거운 화제가 끊이지 않는 데다, 임기응변으로 척척 대답하고, 누구에게나 친절하고 정중하며, 특히 여성 앞에서는 거친 말을 하거나 말다툼을 해서는 안 되었다. 불성실은 말할 것도 없고 오만해서도 안 되며 허풍도 금물이다. 귀부인의 취미에 어울리는 풍류인으로서 노래를 부르거나 악기 반주를 할 것도 요구받았다.

이렇게 보면 궁정풍 연애를 실천하는 기사는 실로 엄청난 고생을 했을 듯하지만, 그것이야말로 소위 기사들의 미덕 체득 완성 단계였다. 그것은 단순히 여성을 사랑하는 남성으로서만이 아닌 인간으로서의 완성이기도 하였다.

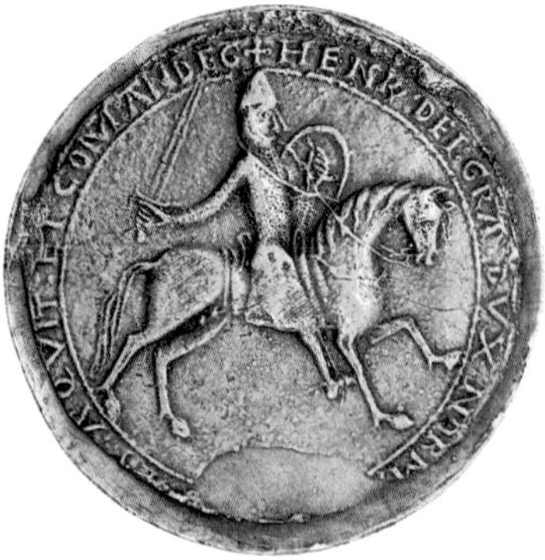

✠ 잉글랜드 왕 헨리 2세는 동시에 앙주 백작, 노르망디 공작, 아키텐 공작이기도 하였다. 이 국새는 왕이 아닌 기사 모습으로 표현되어 있다. (프랑스 국립 고문서관 소장)

왕의 기사도

왕은 그 정의만 보아도 기사가 아니다. 왕은 자신을 기사 신분과 동일시하지 않는다. 왜냐하면 왕은 항상 가장 높은 주군이지 주군을 모시는 가신이 아니기 때문이다. 그러나 기사도가 발전하면서 무용이 뛰어나며 덕망 높고 훌륭한 기사의 이미지는 왕에게도 매력적으로 다가오게 된다. 더 나아가 왕들 가운데는 최고의 기사라는 명성을 얻고 싶어 하는 자도 나타났다.

애초에 중세 성기 이후 교회가 기대하던 국왕의 책무와 기사의 책무는 거의 다르지 않았다. 가령 12세기 초반, 연대기 작가 플라비니의 위그는 국왕의 권력 개념을 다음과 같이 서술하였다. '신의 백성을 다스리며 그 백성을 정의와 공평으로 인도하고, 교회의 옹호자이자 고아와 과부의 보호자로서 기댈 곳 없는 약자·빈자를 권력자로부터 해방하는 것.' 중세, 특히 십자군 시대에는 이와 거의 흡사한 말로 성스러운 기사론을 설명해오지 않았던가. 사실 기사의 대두와 왕권의 새로운 신장은 동시에 일어나, 양자는 제도적으로나 논리상으로 서로에게 침투하며 서로를 지탱하였다. 이미 서술한 바와 같이 기사 신분이 12~13세기 들어 중소귀족이나 미니스테리알레스부터 대귀족까지 포함하면서, 기사는 귀족과 같은 의미가 되었다. 이처럼 기사 개념의 고귀화가 일어났기 때문에, 그 고귀한 집단의 정점에 왕을 모

✠ 사자심왕 리처드의 국새. 아버지 헨리의 것과 비교해 투구가 완성되어 있는 점에 주목. (프랑스 국립 고문서관 소장)

신다는 것에 대해 기사들은 물론 왕이 느끼는 저항은 적어졌을 것이다.

또 하나 역시 대략 11세기 말경부터 왕을 둘러싼 궁정인 집단에서는 성직 관계자가 줄고 주요 귀족, 성주들의 참여가 늘어나는데, 그러한 상황하에서 왕은 봉건제를 이용하여 정치 질서를 안정시키고 자신의 지위를 실질적으로도 상승시키려 하였다. 그리고 왕이 공백(公伯)·성주와 그 기사들에게 군사적 및 행정적 원조를 부탁하며 가까운 관계를 맺으면서, 왕실에도 점점 기사적 관습이 확산되어 그들 스스로도 기사들의 동료로서 행동하게 된다. 기사도를 내걸고 기사도 이야기의 주인공을 자처하며 즐거워하는 왕자와 국왕……

기사도에 열중한 왕의 예를 구체적으로 들어보자. 사자심왕으로 알려진 잉글랜드의 리처드 1세(재위 1189~1199년)는 기사왕의

모범으로서 경외 받았고, 아버지 헨리 2세(재위 1154~1189년)는 중세 최고의 유명 기사이자 토너먼트의 맹자로 두려움과 존경의 대상이던 잉글랜드 귀족 윌리엄 마셜에게 아들인 청년왕 헨리의 기사도 교육을 맡겼다. 또한 왕자를 비롯한 왕족 중에도 토너먼트에서 용명(勇名)을 떨치고 싶어 하는 자가 많았다. 윌리엄 마셜의 훈도를 받은 왕자 헨리는 1180년 프랑스까지 원정하여 라니쉬르마른의 대규모 토너먼트에 자신의 기병대 소속 기사 200명을 이끌고 참가한다. 브르타뉴 공작과 부르봉 공작 등의 군주도 대단한 토너먼트광이었다고 알려져 있다.

토너먼트가 가장 활발히 이루어지던 프랑스에서 필리프 2세(재위 1180~1223년)는 자신의 아들의 토너먼트 참가를 금지했는데, 이는 사상자가 나오는 일이 드물지 않은 위험한 유희에 아들이 참가했다 다칠까 염려했기 때문이며, 이를 통해 왕족들 사이에도 얼마나 기사도 열기가 확산되어 있었는지 알 수 있다. 중세 말에는 자신 주변에 세속 기사단을 창설하는 국왕도 적지 않았다.

3

이상적인 기사 윌리엄 마셜

윌리엄 마셜(1146경~1219년), 프랑스에서는 기욤 르 마레샬로 알려진 이상적인 기사이다. 아버지 존은 1140년대에 스티븐 왕(재위 1135~1154년)과 투쟁한 마틸다의 지지자로서, 그 때문에 플랜태저넷 가와도 연고가 있었다. 윌리엄 마셜은 외가 쪽 사촌이자 노르망디의 시종(장)이던 탱커빌 백작 윌리엄 밑에서 기사 수행을 쌓았다. 그곳에서 처음으로 토너먼트와 전쟁을 경험하게 된다. 그리고 뒤이어 외숙부 솔즈베리 백작 패트릭 밑에서 봉사하였다. 일찍부터 두각을 드러내며 엘레오노르 다키텐을 용감하게 수호했고, 그가 수행하던 그녀의 대열이 뤼지냥의 영주에게 공격받았을 때도 용맹히 싸웠으나 숙부는 이 충돌에서 목숨을 잃는다.

✤ 윌리엄 마셜이 보두앵 드 긴느를 말에서 떨어뜨리고 있다. 매튜 패리스 『대연대기』의 사본 삽화에서.

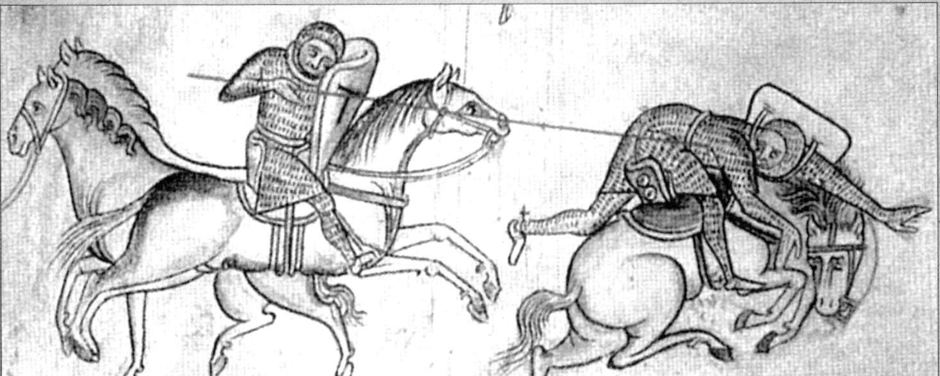

아마도 엘레오노르가 남편 헨리 2세에게 천거했던 듯, 그는 청년왕 헨리(1155~1183년)의 교육을 담당하게 된다. 그리고 1173~1174년에는 부왕에게 반란을 일으킨 청년왕을 따라 싸웠다. 그 후 몇 년 동안 그는 청년왕 주위에 모여든 기사들을 거느리고 무리를 조직하여 북프랑스 각지의 토너먼트를 전전한다. 그리하여 기사로서는 물론 군사적 리더, 정치적 조언자로서도 명성을 떨쳤다. 청년왕 사후에는 2년간 십자군에 참가, 템플 기사단에 가담한다. 그리고는 1187년에 귀국하여 헨리 2세의 궁정에 들어갔다. 헨리 2세에게 랭커셔의 봉토 등을 수여받았으며, 리처드 피츠 길버트 오브 클레어의 상속녀 클레어와 결혼함으로써 그 이상으로 막대한 토지를 소유하게 된다. 그 후 그는 리처드 왕(재위 1189~1199년)과 뒤를 이은 존 왕(재위 1199~1216년) 밑에서 행정·군사의 중심에 위치하며 프랑스군과 용감하게 싸웠다. 그리고 70세 때인 1217년 5월 20일, 링컨 전투에서 잉글랜드의 섭정으로서 프랑스군을 격파하였다. 그 전투에서 그는 페르슈 백작 토마를 전사시킨다.

이 위대한 기사는 1219년 5월 14일 타계하는데, 평생 참가한 다양한 토너먼트에서 500명 이상의 기사를 포로로 잡았다고 소리 높여 자랑할 수 있을 만한 토너먼트의 명수였다. 그 부보를 들은 프랑스 왕 필리프 2세(재위 1180~1223년)는 이 '세계 제일의 명기사'였던 가공할 적의 영혼에 바치고자, 궁정의 기사들에게 축배를 들도록 했다고 한다. 앵글로노르만어로 쓰인 13세기 중반의 작품『기욤 르 마레샬 이야기』는 세계 제일의 명기사 기욤의 운문 전기로서 아들의 의뢰로 만들어졌다.

제5장
무기와 갑주

중세는 공격·방어 양면으로 무기가 매우 진화하고 분화한 시대이다. 기사들은 어떤 무기를 들고 싸웠을까. 메로빙거 시대부터 기사들은 활, 쇠뇌, 장검, 투창, (일반적인) 창, 전투도끼 등의 공격용 무기, 갑옷·투구, 걸쇠 달린 망토, 방패 등의 방어구를 이용했다. 구체적으로 무엇을 사용할지는 상대의 무기·방어구와의 관계, 전술과 말의 능력, 또한 상대의 신체 중 어느 부분을 어떤 식으로 공격할지에 따라서도 달라졌다.

기사들이 화려하게 활약했던 시대에는 물론 그들의 시대가 저물고 그 대신 보병들이 활약하게 되어서도, 그리고 견고한 성이 축성되고 대포 등의 화기가 출현하여 기사들의 검과 창이 무력해진 뒤에도, 기사들은 숙련도와 용기가 그 취급에 직접 반영되는 검과 창 등의 무기를 계속 고집했다. 그것은 그들이 추구한 것이 바로 '기사도'였기 때문일 것이다.

그럼 대표적인 무기와 갑주의 변천에 관하여 살펴보자.

비겁한 활

본래 사냥에만 사용되던 활을 군사적으로 중요한 무기 중 하나로 삼은 것은 프랑크인이었다. 그리고 그것은 스텝의 주민인 아바르인들과의 전쟁을 계기로 더욱 개량된다. 카롤루스 대제(재위 768~814년)는 활의 전략적 의의를 강조하며, 병사는 창뿐만 아니라 활도 장비해야 한다고 규정하였으나 금방은 보급되지 않았다. 하지만 그 후 노르만인과 접촉하는 가운데 활 사용이 일반화한다. 노르만인이 활의 명수였기 때문이다.

노르만인의 파리 공성(885년 11월 26일) 모습을 묘사한 연대기 작가 아보는 '노르만인들에게서 날아온 돌과 화살의 무시무시한 폭풍우는 마치 꿀벌 떼처럼 조밀하게 대기를 갈랐다'고 서술하고 있다. 이 활은 상당히 굵은 목제 활로 최장 60~65cm 정도, 화살을 메겨 당기기 어려운 곧고 단단한 활이었다.

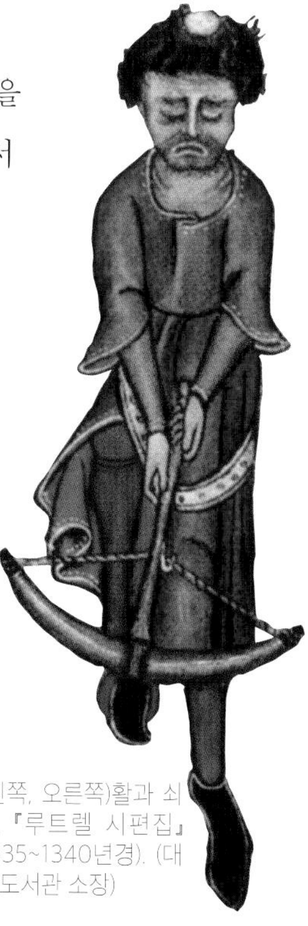

✠ (왼쪽, 오른쪽)활과 쇠뇌. 『루트렐 시편집』(1335~1340년경). (대영 도서관 소장)

유럽의 무기 가운데 활 이상으로 효과적이고 중요했다고 여겨지는 것은 '쇠뇌'이다. 쇠뇌는 일반적인 활과 달리, 오른발로 활을 지면에 단단히 고정한 상태에서 사수의 벨트에 연결된 '갈고리'를 이용하여, 활 중앙부와 직각을 이루는 자루 위로 시위를 당겨 끝부분의 걸쇠에 건

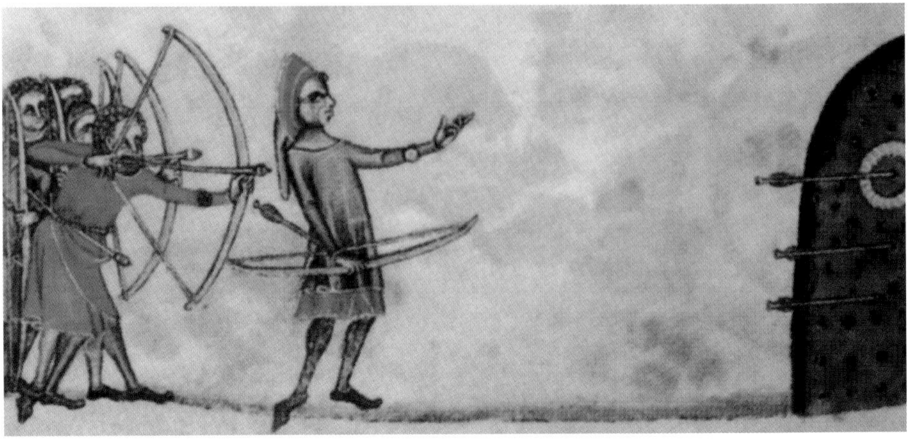

✠ 활쏘기 훈련. 『루트렐 시편집』(1335~1340년경). (대영 도서관 소장)

다. 그런 다음 활을 수평으로 겨누고 자루에 고정했던 화살을 발사하는 구조였다. 이것은 중세 초기부터 존재했으나, 서기 1000년을 기점으로 점점 언급이 잦아지는 것으로 보아 그 무렵 전 유럽에 확산된 듯하다.

하지만 기사들은 활과 쇠뇌를 자신들에게는 어울리지 않는 보병의 무기라고 여겼다. 더구나 자신들의 군사적 우위를 위협하는 이들 무기는 달갑지 않은 존재였다. 그리고 기사들의 전투 논리로 따지면 품위 없는 평민의 무기인 원거리무기를 사용하는 것은 비겁한 수법이며, 나아가 평민 사이에 그 무기가 널리 보급되는 것은 위험하고 질서를 어지럽히는 일이었다.

그래서 이미 11세기 말에 권력자들은 그 사용을 금지하려 하였

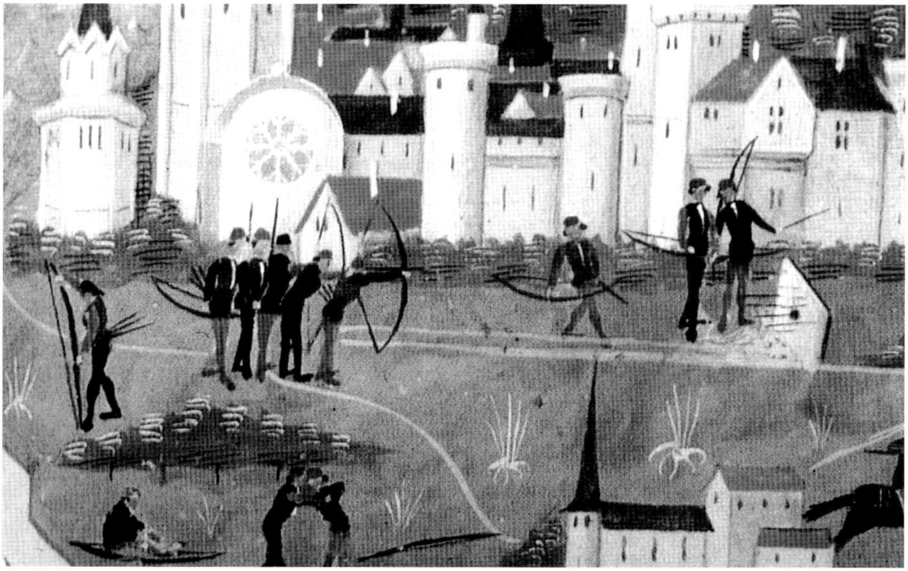

✠ 활쏘기 연습. 16세기의 사본에서. (프랑스 국립 도서관 소장)

고, 이에 찬동하는 저작가들은 원거리무기를 비겁한 무기라며 끊임없이 업신여기고 우롱하였다. 또한 1139년의 제2차 라테라노 공의회에서는 활과 쇠뇌의 사용은 신의 미움을 받는 행위이므로 그리스도교도를 향해서는 사용하지 않도록 결의하고, 같은 금령을 인노켄티우스 3세(재위 1198~1216년)도 훗날 되풀이하였으나 소용없는 일이었다.

이리하여 13세기에는 유럽 전역으로 쇠뇌 사용이 확산된다. 그리고 전투에서 실제로 쓰였으며, 게다가 대단히 효과적이었다. 쇠

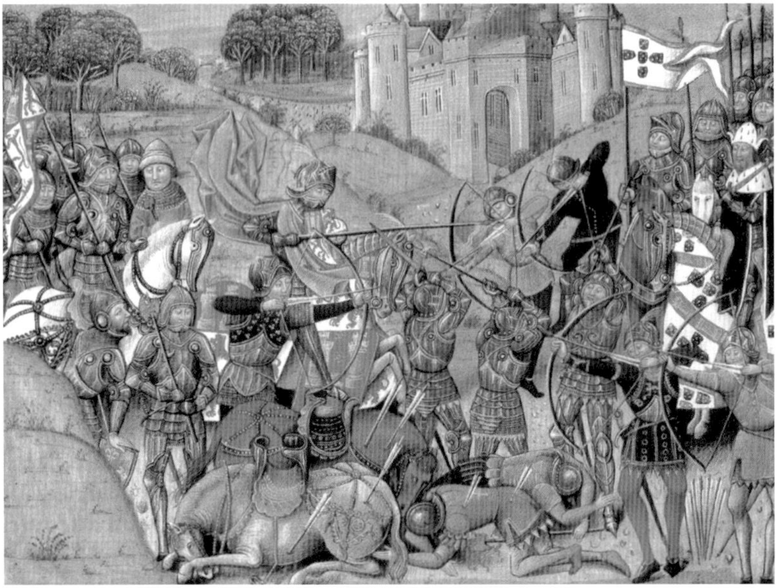

✠ 전투도. 장 드 와브랭 『잉글랜드 연대기』(15세기 말). (대영 도서관 소장)

뇌의 보급은 평민 군대가 늘어난 사실과 관계가 있다. 도시도 쇠뇌 부대를 고용하였는데, 그 병사는 시민들 사이에서 조달되었다. 용병 대부분도 쇠뇌 부대였다. 제노바의 쇠뇌 용병대는 특히 유명하다.

그러나 중세 말에 '장궁'이 활약하기 시작하면서 쇠뇌의 명운은 다한다. 백년 전쟁의 크레시 전투(1346년)에서 잉글랜드군의 장궁 부대에게 프랑스군이 패배한 것이 상징적이다.

검과 창

기사들이 이것이야말로 기사에게 어울리는 무기라고 여긴 것은 '검'과 '창'이었다. 두 가지 모두 몸 가까이 소지하

✤ 황제 막시밀리안 1세(재위 1493~1519년)의 무기고 카탈로그. 16세기 초의 판화.

며 타이밍을 재어 상대를 베거나 찌르는 무기로서, 활이나 투창처럼 멀리 날리는 원거리무기가 아니었다.

이상적인 존재이자 남자 중의 남자인 기사는 '이상적인 싸움'을 해야 했다. 따라서 무기에 있어서도 비겁한 무기는 결코 사용해서는 안 되는 것이다. 기사의 신체와 일체화한 무기가 바로 '검'이었다. 신에게 수호받으며 교회와 약자를 보호하는 숙명을 짊어진 기사가 항상 지니는 검이란 '정의의 검'이다. 그러니 국왕의 권위 표지 가운데 검이 있는 것도 당연하다고 할 수 있다.

기사들은 최대한 오래도록 그것을 소지하다가 될 수 있으면 아들, 손자에게 대대로 전해지기를 희망했다. 기사의 분신이자 동료인 검은 기사 서임식 때 그 이름이 붙여졌다. 예를 들어 아서 왕의 '엑스칼리버', 카롤루스 대제의 '주아이외즈' 등이 유명하다.

유럽에서는 메로빙거 왕조 시대부터 검—양날의 비교적 긴 것,

✖ 기사 울리히 폰 후스의 묘비. 울리히는 이젠하임의 영주로 1344년 콜마르에서 죽었다. 갑주를 입고 곁에는 검과 장갑을 둔 기사 차림 그대로 부활을 기다리고 있다.

짧은 것, 외날인 것 등 가지각색—을 사용하였으며, 카롤링거 왕조 시대에 합금 기술이 개량되어 강철을 만드는 기술이 진화하면서 보다 긴 검을 제조할 수 있게 되었다. 일반적으로 유럽의 검은 손잡이, 손잡이 머리, 날로 구성된 십자가형으로 만들어졌다. 길이는 각기 달랐으나, 중세 성기의 가장 일반적인 검은 '노르만인의 검'으로서 길이 약 1m, 무게 약 2kg이며, 칼날 폭은 7~9cm 정도로 넓었다. 12세기까지는 베는 무기로 사용되었고 찌르는 무기는 아니었다. 그 후 13세기 중반에는 두 가지 검이 나타나는데, 하나는 베기 위한 가벼운 날을 가진 검이며 다른 하나는 날이 무겁지만 보다 짧아 찌르기에 적합한 것이었다. 기사는 통상 두 종류 모두 휴대했다.

기사에게 걸맞은 또 하나의 무기는 '창'이었다. 초기의 전투법은 보병과 크게 다르지 않았다. 즉 창을 사용할 때도 투창으로서 표적을 겨냥하여 던지거나, 또는 접근전에서 검처럼 찌르는 식으로 사용하거나, 혹은 쓰러진 상대를 위에서 작살로 찌르듯 하여 숨통을 끊는 용도로 사용하였다. 이러한 사용법에는 가벼운 창이 필요하였고, 대체로 중앙의 무게중심 부분을 쥐고 싸웠다.

그러나 11세기 후반부터 마상의 기사는 충격을 흡수해주는 목재, 즉 물푸레나무, 서어나무, 사과나무, 전나무 등을 사용한 무겁고 긴 창을 수평으로 고정하고 들기 시작한다. 노르만인이 가장 먼저 이 방식을 채용하였고, 이것이 12세기 초반에는 전 유럽에 확산된다.

조금 더 자세히 설명하도록 하겠다. 이 무겁고 긴 창은 일단 팔밑에 껴안고 아래팔을 따라 수평으로 고정시키고는 옆구리 쪽으로 단단히 눌러 움직이지 않도록 한다. 때로는 왼손으로도 오른손 몇 cm 앞을 보조적으로 지탱하기도 하였다. 그리고 말에 박차를 가해 그 다음은 말에게 맡긴다. 이 방식이 효과적이었다. 창의 길이는 약 3m나 되었고, 무게는 2~5kg이었다. 무게중심보다 훨씬 뒷부분을 오른손으로 잡아, 적을 겨냥하고 뻗으면 자루의 4분의 3 이상이 튀어나가도록 한다. 그것은 팔의 힘이라기보다 인마(人馬) 일체로 치밀하게 응축된 추진력을 이용하는 것이었다.

게다가 이미 서술하였듯이 8세기에는 동방에서 등자가 유입되

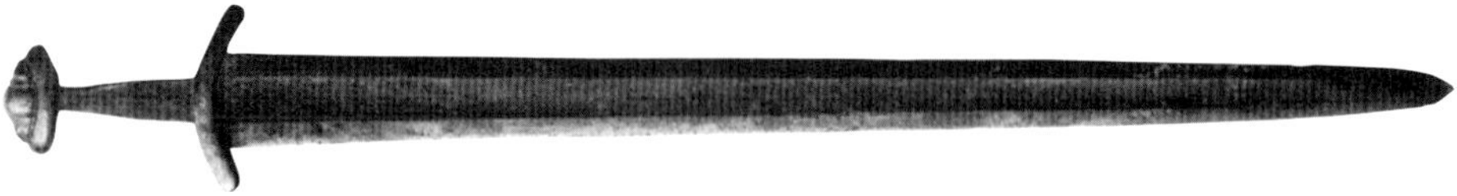

✠ 바이킹의 검, 900년경, 철을 상감한 도신.

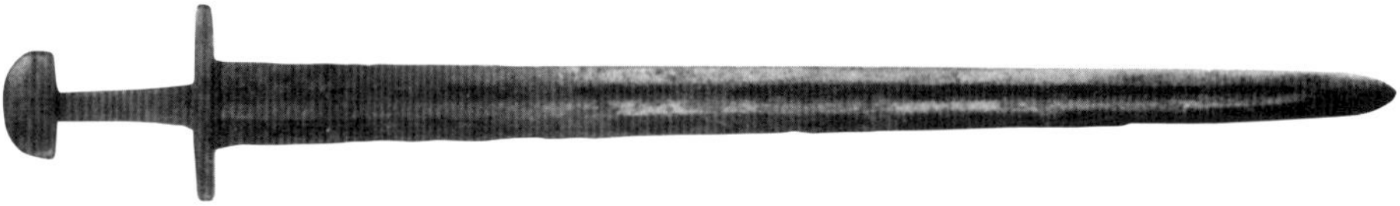

✠ 바이킹의 검, 950년경.

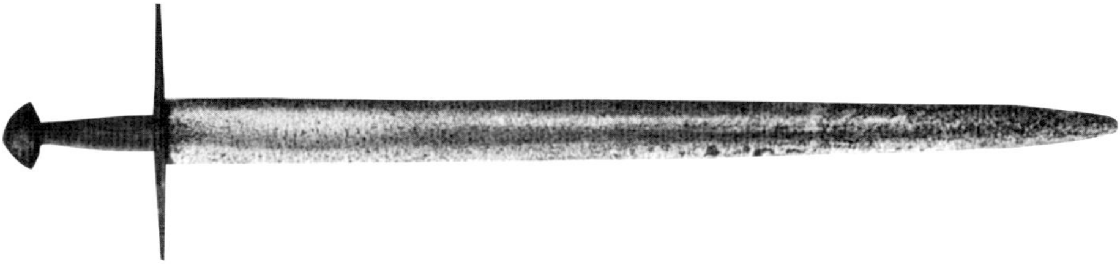

✠ 950년경, 철 상감 무늬가 한쪽 측면에 들어가 있다.

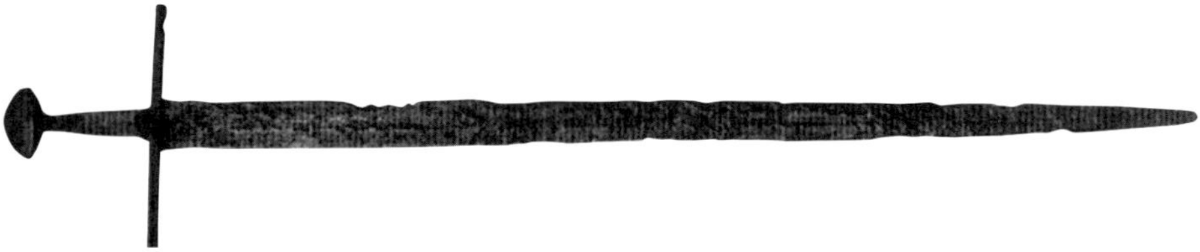

✠ 12세기 후반의 검.

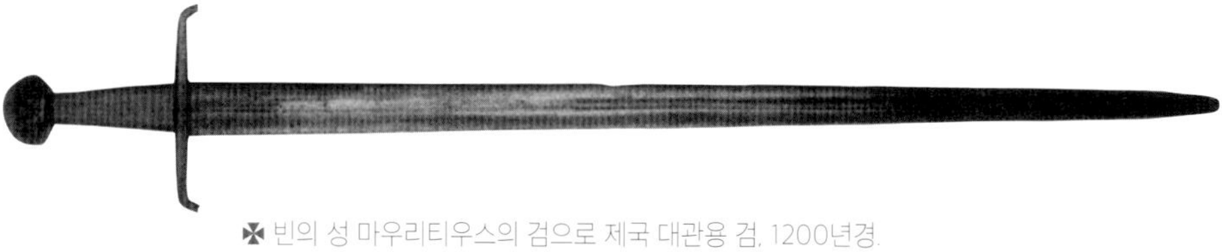

✠ 빈의 성 마우리티우스의 검으로 제국 대관용 검, 1200년경.

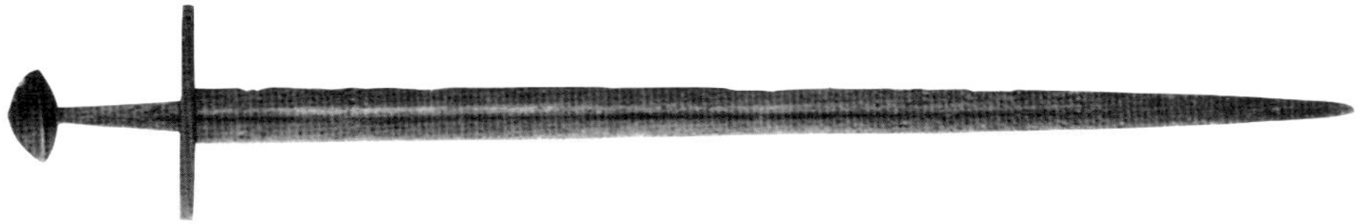

✠ 12세기 후반의 검.

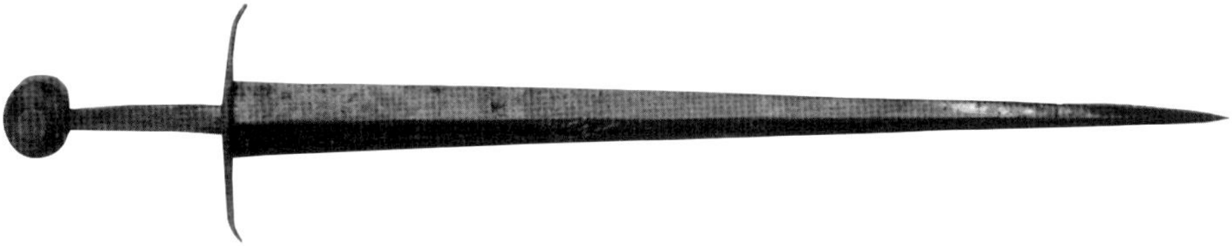

✠ 13세기 말~14세기 초, 영국의 검.

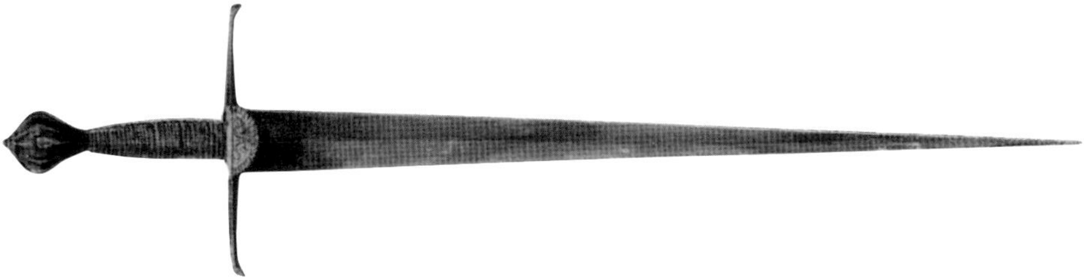

✠ 15세기 초, 에스토레 비스콘티의 검.

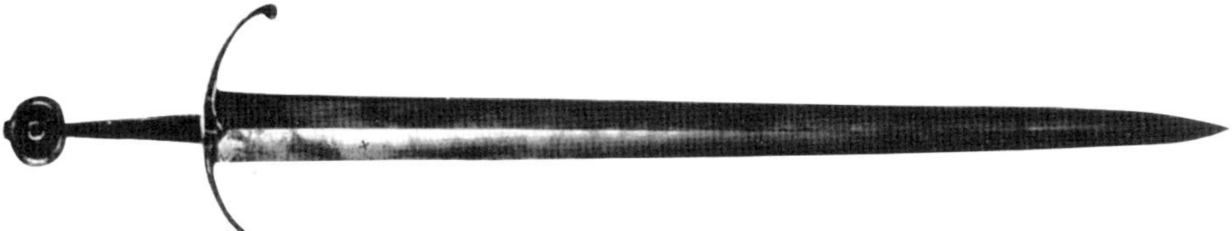

✠ 15세기 초반의 검으로, 잉글랜드 왕 헨리 5세의 것과 흡사하다.

었다. 그로 인해 기사들은 안장 위에서 몸을 안정시키고 말을 컨트롤할 수 있게 되었으니, 길고 무거운 창을 수평으로 겨눈 상태에서의 격돌이 가능해진 것도 등자 덕분이었다.

한 가지 주의해야 할 것은 이러한 전투법은 어느 정도 넓고 평탄한 평야에서 벌어지는 전투가 아니면 사용할 수 없고, 상대도 이 시합의 '규칙'을 숙지하고 정면충돌을 하려는 고귀한 기사여야 한다는 점이다. 몰래 숨거나 교란하고 기습하는 것은 기사의 이름에 걸맞지 않은 비겁한 행위였다.

기사들이 선호하던 검과 창이라는 무기 이외에도 물론 무기는 있었다. 말에서 내려 싸우거나 공성전을 할 때는 단검, 곤봉과 일종의 쌍절곤, 해머(큰 망치), 전투도끼·철퇴 등이 실용적이었다.

갑주의 변천

기사들은 방어구도 무기 못지않게 중요하다는 사실을 이해하고 있어, 양자는 함께 진화하였다. 기사에게는 이러한 방어구를 직접 마련할 재력도 필요했다. 보병이나 가난한 기사와의 '차이'를 과시하기에는 화려하고 호화로운 갑주가 최적이었을 것이다. 햇빛을 받아 찬란히 빛나는 갑옷이야말로 기사의 상징과도 같은 늠름한 자태였다. 일반적 경향으로 기사들의 갑주는 무기의 진화와 더불어 점점 더 중무장이 되어간다.

우선 방패에 관하여 알아보자. 중세 초기의 방패는 가죽을 덧

✖ 위병 대기소. 메트르 콜랭 작. 발레다오스타의 이소녜 성. 1499~1509년경.

댄 나무판을 짜 맞춘 것으로 원형이나 타원형이었으며, 지름 80~90cm, 두께 0.8~1.2cm 정도에 한가운데 손잡이가 있었다. 큰 변화는 12세기에 찾아왔다. 먼저 보급된 것은 '노르만인의 방패'이다. 그것은 목제로 겉에 가죽을 씌웠으며, 상부가 둥글고 하부는 뾰족한 아몬드형에 무게가 가볍도록 내부가 패여 있었다. 또한 둘레에는 금속띠를 둘렀다. 높이 1m가 채 되지 않고 폭도 좁았지만, 아래로 길어 다리까지 커버되었다. 특히 기승 시 몸의 한쪽 면을 보호할 수 있었다.

다음으로 등장한 보다 고전적인 방패는 상반부가 좌우로 곧게 뻗고, 안쪽이 크게 패여 있어 병사가 들어갈 수 있을 정도였다. 가로 폭이 넓어졌지만 세로는 그리 길지 않다. 표면의 커브가 커서 상대의 공격을 빗나가게 하는 구조이다. 또한 옆으로 넓어 몸을 보호하기 수월하였다. 13세기에는 이러한 방패와 함께 지름 30cm 정도의 작고 둥근 방패 혹은 소형 장방형 방패도 사용하게 된다. 이는 다리가 강철판으로 보호되면서 작은 방패로도 방어가 가능해졌기 때문이다.

　방패 이외의 방어구로는 우선 투구가 있다. 중세 초기에는 청동제로 눈 부분만 열려 있고 머리 전체를 덮는 투구가 사용되었다. 그 밖에 머리와 어깨를 감싸는 가죽제 두건도 있었다. 11~12세기에 확산된 것은 노르만형 투구로서 뼈대 위에 철띠를 리벳으로 고정시켰고, 때로는 철판 한 장으로 된 타원뿔형 투구를 썼는데 코가리개가 달려 있었다. 이어서 12~13세기에는 어깨 위에 얹어 머리와 목을 보호하는 커다란 항아리형 투구에 눈 부분에만 좁은 틈을 뚫어 푹 뒤집어쓰도록 진화하였다. 이것은 얼굴·머리를 덮어 눈과 귀를 보호하는 데는 좋았지만, 시각과 청각이 둔해지고 무거워서 숨을 쉬기 힘든 데다, 얼굴을 완전히 가리기 때문에 인물을 구분할 수 없다는 단점이 있었다. 처음에는 정수리가 평평하여 공격에 취약했으나, 훗날 개량되어 머리 위가 원뿔형이 되면서 상대의 검을 받아넘길 수 있게 되었다.

　13세기 이후는 바시네(배서닛) 중심의 시대이다. 테두리가 없는 첨두아치형 금속제 투구로, 이전의 투구보다 가벼우며 들어 올릴 수 있는 얼굴가리개가 달려 있어 호흡도 편해지고 쾌적함이 향상

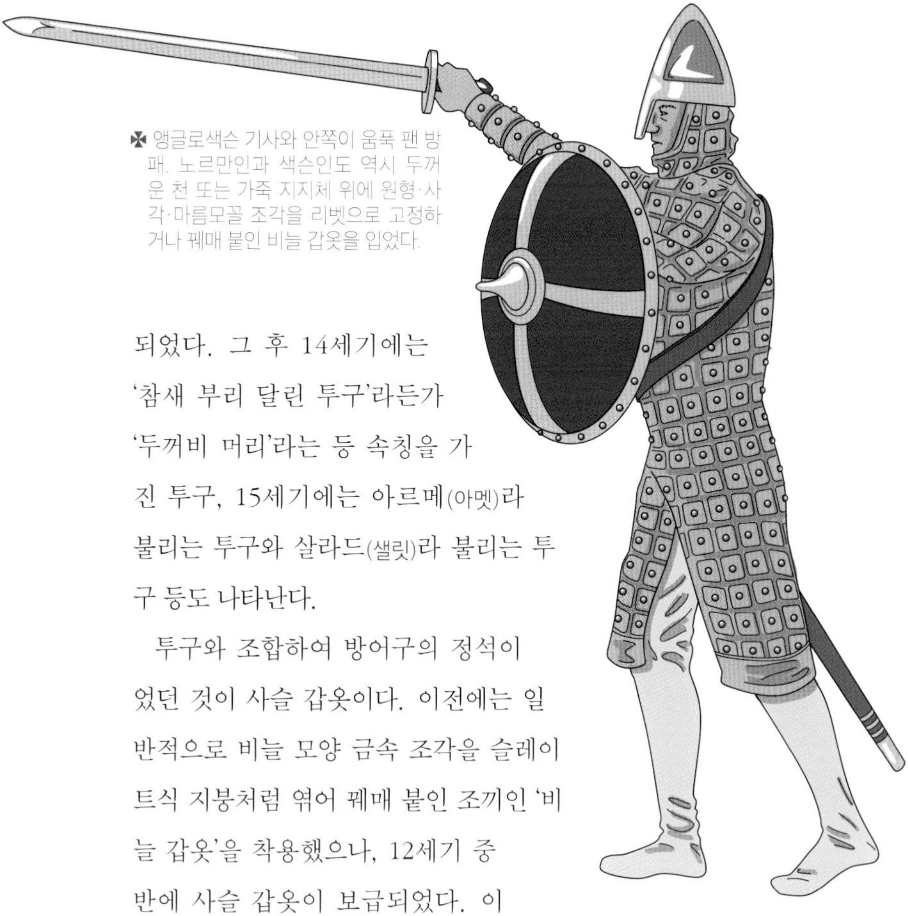

✠ 앵글로색슨 기사와 안쪽이 움푹 팬 방패. 노르만인과 색슨인도 역시 두꺼운 천 또는 가죽 지지체 위에 원형·사각·마름모꼴 조각을 리벳으로 고정하거나 꿰매 붙인 비늘 갑옷을 입었다.

되었다. 그 후 14세기에는 '참새 부리 달린 투구'라든가 '두꺼비 머리'라는 등 속칭을 가진 투구, 15세기에는 아르메(아멧)라 불리는 투구와 살라드(샐릿)라 불리는 투구 등도 나타난다.

투구와 조합하여 방어구의 정석이었던 것이 사슬 갑옷이다. 이전에는 일반적으로 비늘 모양 금속 조각을 슬레이트식 지붕처럼 엮어 꿰매 붙인 조끼인 '비늘 갑옷'을 착용했으나, 12세기 중반에 사슬 갑옷이 보급되었다. 이것은 작은 철제 고리를 연결한 갑옷으로, 검에 대해서는 방어력이 강했지만, 반면에 손도끼에 고리가 절단되기도 하였고 화살이나 창이 고리 사이를 찌르기도 하는 등 약점도 가지고 있었다.

평균 약 3만 개의 고리로 만들어진 사슬 갑옷의 무게는 10~15kg이나 된다. 무거운 것은 분명하지만 무게는 양어깨에만

여러 가지 투구

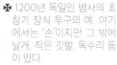

✤ 1200년 독일인 병사의 초창기 장식 투구의 예. 여기에서는 '손'이지만 그 밖에 날개, 작은 깃발, 독수리 등이 있다.

✤ 1370년경의 흰 백합 모양 회전식 개폐부(얼굴가리개)가 달린 작은 바시네.

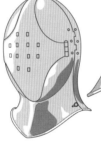

✤ 비코크 또는 비코케라 불리는 투구. 1450년경의 것이지만 프랑스에서는 그다지 사용되지 않았다. 머리를 넣을 수 있도록 두 면이 열렸다. 얼굴가리개는 옆으로 열린다.

✤ 가동식 얼굴가리개와 역시 가동형으로 연결된 목가리개가 달린 살라드 투구. 1460년.

✤ 몽토방의 샤펠이라 불리는 투구. 15세기 초반, 이 남프랑스 마을에서 두 개의 구멍이 뚫린 얼굴보호구 샤펠이 등장하였다.

✤ 15세기 말. 살라드 투구의 최종형으로 아르메에 매우 가깝다. 이러한 가동식 얼굴가리개는 '주름식'이라 불렸다.

실리는 데다 유연하여 말을 타거나 걸을 때 움직이기 쉽다는 장점이 있었다. 고리는 가늘고 숫자가 많은 만큼 충격 에너지가 분산되어 약해지므로 효과적이었다. 같은 시기 사슬 각반, 사슬 팔보호대, 사슬 장갑 등도 보급된다. 나아가 이후에는 강력한 쇠뇌와

여러 가지 방어구

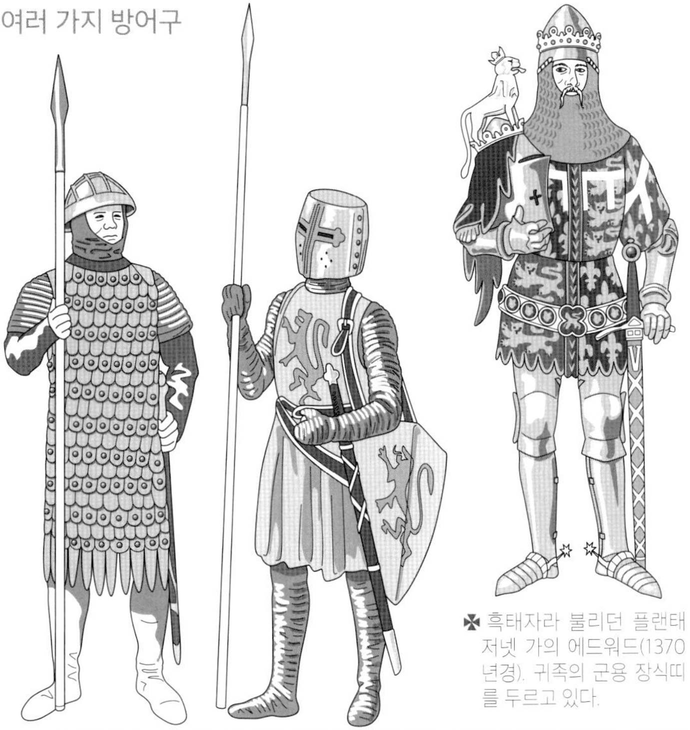

✤ 흑태자라 불리던 플랜태저넷 가의 에드워드(1370년경). 귀족의 군용 장식띠를 두르고 있다.

✤ 11세기 독일의 전사. 금속제 또는 가죽제 비늘 갑옷을 입고 있다.

✤ 갑옷 위에 입는 서코트는 1250년 이후 짧아지는 경향이 있으나, 14세기 중반까지는 긴 서코트의 예가 다수 존재한다.

장궁 공격에도 견딜 수 있는 유효한 방어책으로서 판금 갑옷이 채
용되기 시작한다. 그것을 걸치지 않는 경우라도 가슴, 넓적다리,
팔, 등 같은 노출 부위는 단단한 금속 조각으로 덮었다. 14세기 말
이 되면 독립한 가슴보호대가 판금 갑옷의 기본적 부품으로서 확
산된다.

✖ 1380년경 독일의 보병.
코가리개가 달린 샤펠을
쓰고 섬유 뭉치를 채운
강비종(갬버슨)이라는 방
어구를 입고 있다.

✖ 15세기 중반 독일의 완전
한 갑주로, 목가리개 근처
에 회전하는 부분이 달린
아르메를 썼다. 무게가 가
벼워 25kg밖에 되지 않으
며, 기사 개인의 체형에 맞
춘 맞춤형으로 기술의 정수
가 담겨 있다.

✖ 1450년경, 받침쇠로
연결된 바비에르라는
갑옷을 걸치고 목가리
개가 달린 바르뷔트라
는 투구를 쓴 보병.

✤ 1442년의 디에프 포위전. 왕태자 루이가 이끄는 프랑스 원군이 장궁, 쇠뇌, 창, 미늘창 등 다양한 무기로 잉글랜드군의 목제 성채를 공격하고 있다. 필리프 드 코민 『샤를 7세 치세 연대기』 사본에서. 1470년경. (프랑스 국립 도서관 소장)

백년 전쟁과 화기의 등장

기사들은 활·쇠뇌를 비겁한 도구라며 업신여겼으나, 그 비겁한 도구가 대활약하는 중세 말에 접어들자 실전에서 그들의 역할은 대폭 축소되었다.

백년 전쟁은 기사 쇠퇴와 보병 약진을 전형적으로 보여주는 전쟁이었다.

프랑스의 카페 왕조가 1328년 단절되고 발루아 왕조의 필리프 6세(재위 1328~1350년)가 뒤를 이었으나, 어머니가 카페 가 출신이었던 잉글랜드의 에드워드 3세(재위 1327~1377년)가 이에 대해 이의를 제기하며 자신의 왕위 계승권을 주장하면서 이윽고 백년 전쟁의 포문이 열린다. 프랑스 국내에 많은 봉토를 가지고 프랑스 왕에게 신종하는 잉글랜드 왕이라는 구도가 중심이었으며, 그에 더해 프랑스 내부에서 부르고뉴파와 아르마냐크파가 서로 대립하면서 더욱 복잡화하였다. 초기에는 잉글랜드가 우세하다가 중기에 프랑스가 일시적으로 세력을 회복하지만, 말기에는 다시 프랑스가 절체절명의 위기에 빠진다. 그러나 그때 구국의 소녀 잔 다르크가 등장하여 오를레앙을 해방(1429년)하였다. 그 후에는 계속 프랑스가 우세에 서서 1453년 잉글랜드를 국토에서 거의 완전하게 몰아내는 데 성공한다.

그 가운데 잉글랜드의 초기 우세를 결정지은 크레시 전투(1346년)와 푸아티에 전투(1356년), 그리고 중기에 일시적 우세에 섰던 프랑스를 대패시킨 아쟁쿠르 전투(1415년) 등 백년 전쟁 중의 영불 결전에서 프랑스의 봉건 기사군은 잉글랜드의 장궁 부대를 당해내지 못했다.

잉글랜드의 장궁 전술이 본격적인 프랑스 기사단을 상대로 처음 위력을 선보인 것이 크레시 전투였다. 에드워드 3세군은 캉을 함락시킨 후 칼레로 향했는데, 그것을 프랑스 왕 필리프 6세가 추격하면서 양군이 크레시에서 충돌하게 된다. 잉글랜드군은 이른 아

✠ 대포. 티투스 리비우스 『제30권(로마사)』에서. 1470년경의 사본. (콩데 미술관 부속 도서실 소장)

침 이미 전투태세를 갖추고 있었다. 즉 에드워드는 크레시 숲 인근에 위치한 작은 언덕 위에 방어 포진을 하고 군을 세 소대로 나눈 뒤, 그중 두 부대에 사수를 더해 전선에 배치하였다. 한편 압도적인 병력을 거느리고 승리를 확신하던 프랑스군은 오후 늦게야 도착한다. 그러한 방심에 통제되지 않는 치졸한 전술이 보태져 양자가 충돌하자마자 프랑스군은 순식간에 열패하고 만 것이다. 높은 명중률을 가진 잉글랜드군 장궁 사수의 활약으로 프랑스군은 1만 2,000명의 기사 가운데 1,542명이 목숨을 잃었다. 그에 비해 잉글랜드군에서는 사상자가 거의 나오지 않았다고 한다.

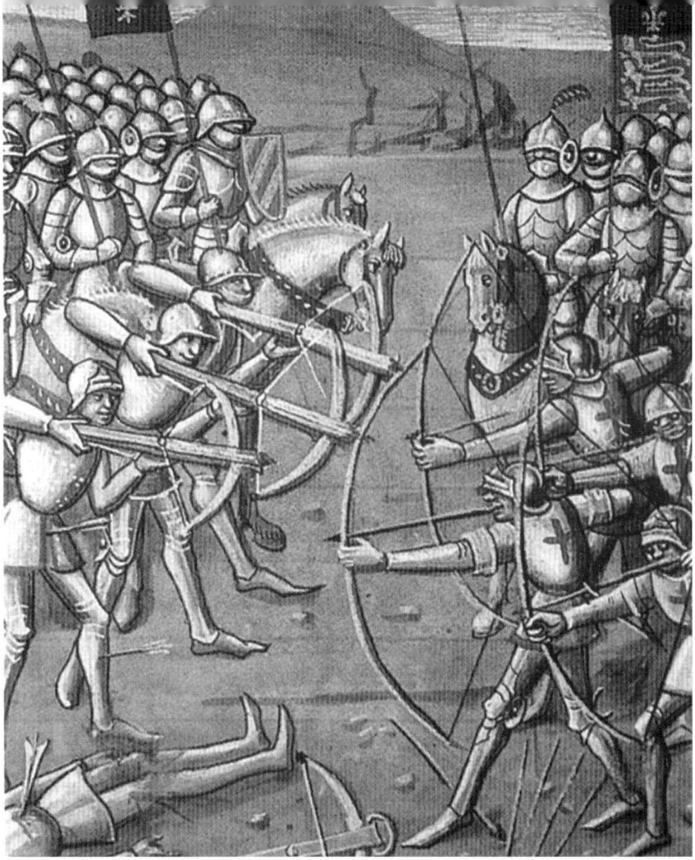

✠ 1356년의 푸아티에 전투. 왼쪽 프랑스군은 쇠뇌를, 오른쪽 잉글랜드군은 장궁을 사용하고 있다. 프루아사르의 연대기 사본 삽화(15세기 중반)에서. (프랑스 국립 도서관 소장)

다음으로 푸아티에 전투에서 프랑스군은 처음 기마대 돌격으로 흑태자 에드워드의 사수들을 흩뜨린 뒤, 보병에게 돌격하여 잉글랜드군의 진형을 무너뜨리고 더욱 공격을 퍼부어 최후의 일격을 가한다는 계획을 세웠다. 하지만 또다시 통제의 결여가 화근이 되어 패배를 당하고 장 왕도 포로로 잡히고 만다.

마지막 아쟁쿠르 전투에서도 프랑스군의 병력은 잉글랜드군보

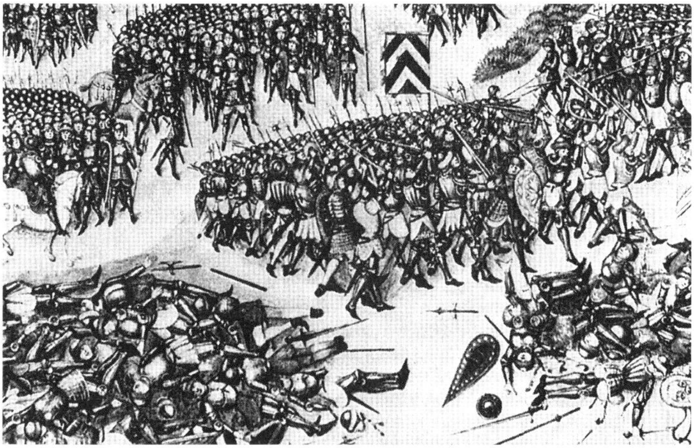

✠ 14세기의 전투 장면. 앞쪽으로 전사자의 산이 보인다. 부대의 배치, 작전 계획의 적합도가 무력 차 이상의 효과를 발휘하기도 하였다.

다 훨씬 많았다. 제1열만으로 4,000명의 궁병과 쇠뇌병에게 엄호받는 6,000명의 하마(下馬) 기사가 있었으며, 그것을 사이에 끼고 왼쪽에 1,600명, 오른쪽에 8,000명의 기마대가 있었다고 한다. 제2열에도 그와 같은 수의 병력이 있던 것으로 보인다. 프랑스는 이러한 기사와 종자의 대군세를 이용하여 잉글랜드의 궁병을 공격하는 동시에, 보다 소규모 세력이 잉글랜드군 반대편으로 돌아들어가 적의 전열을 배후에서 습격한다는 계획을 세우고 있었다.

그러나 적의 왕 헨리 5세(재위 1413~1422년)는 이 작전을 간파하고 능숙하게 대응하였다. 밤새 말을 탄 탓에 피폐의 극에 달한 프랑스군은 폭풍 때문에 질퍽해진 진흙탕, 더구나 숲에 둘러싸인 좁은 지형에서 대군세를 전개하지 못했을 뿐더러 적의 측면으로 돌

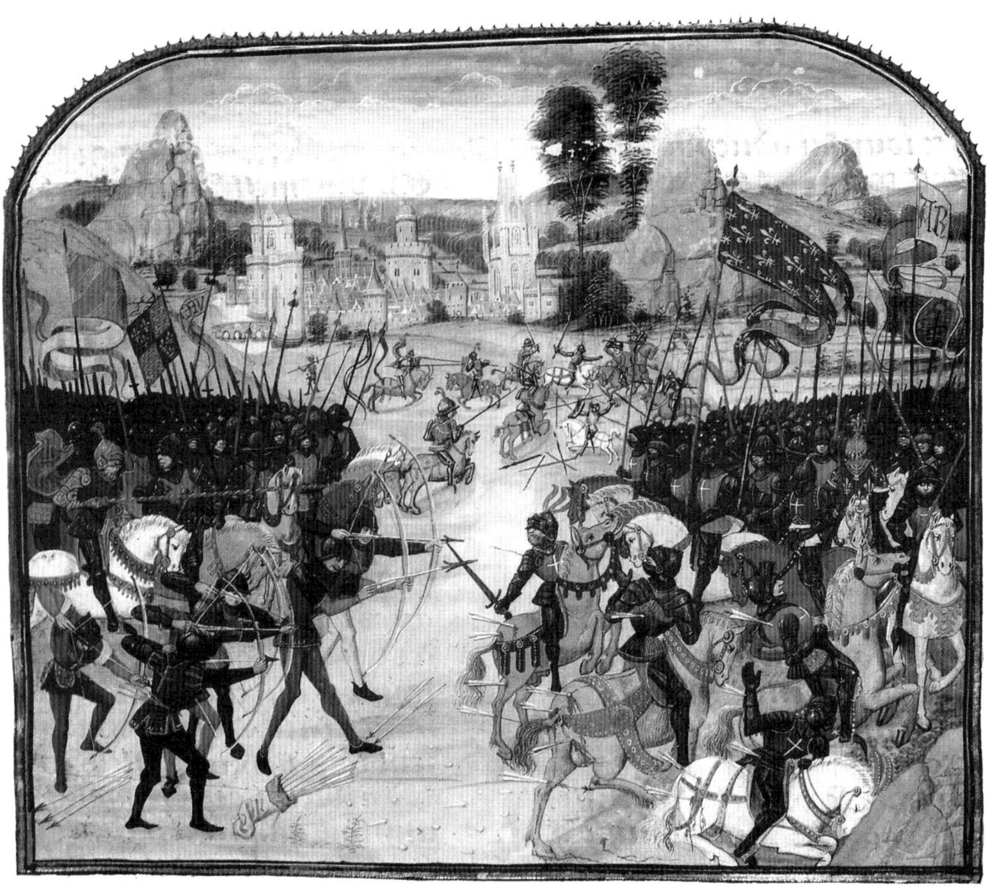

✠ 1356년의 푸아티에 전투. 왼쪽 잉글랜드의 장궁대가 프랑스군을 공격하고 있다. (프랑스 국립 도서관 소장)

아들어가지도 못했다. 반면 잉글랜드군은 본대, 우익, 좌익에 저마다 궁병대가 배치되어 프랑스군과 대치하였다. 전진하기 시작한 프랑스군을 잉글랜드 궁병의 화살이 덮치면서 다수의 사상자가 나왔다. 게다가 잉글랜드의 궁병 부대를 공격하기 위해 다른 쪽으로 돌아간 프랑스군 일대가 자군 본대의 전위로 돌아온 형세가 되어 전위는 큰 혼란에 빠진다. 프랑스의 기사 대부분이 낙마하고 군은 완전히 붕괴하는데, 그것을 본 잉글랜드군은 단검, 도끼, 검을 들고 패주하는 프랑스군에게 덤벼들어 살육하였다.

이와 같은 아쟁쿠르 전투의 예를 통해서도 알 수 있듯이, 중세 말의 실전에서 기사의 역할이 실추된 것은 장궁의 위력에 맞서지 못했기 때문만은 아니다. 기사군은 통제되지 않은 반면, 가벼운 창으로 무장한 보병들이 정교한 대형을 이루고 의표를 찌르는 작전을 짜서 중무장한 기사들을 농락한 것도 이유 중 하나였다. 보병에 관해서는 제8장의 '보병과 용병의 대두' 항목에서 설명하도록 하겠다.

한편 화약을 이용한 화기의 등장으로 전술은 완전히 바뀌게 된다. 14세기에는 아직 화기의 사용이 극히 한정적이었으나, 잉글랜드의 에드워드 3세는 앞서 언급한 칼레 공성에 대포 10문을 동원했다고 한다. 15세기에는 대포 제조 기술이 쇄신되어 공격 효율이 높아지면서 도시 공략법이 이전까지와는 일변한다. 초창기 대포에서 발사된 것은 납탄이 달린 커다란 불화살이었다. 그러다 점차 화약 제조법이 개량되면서 나중에는 공성전뿐만 아니라 야전에서도 사용하기 시작하였다. 발사되는 탄환도 화살이 아닌 금속구로 바뀌었다.

16세기가 되면 검과 창은 결국 완전히 쇠퇴하고, 머스킷 총과 바퀴식 방아쇠 총이 전성기를 맞는다.

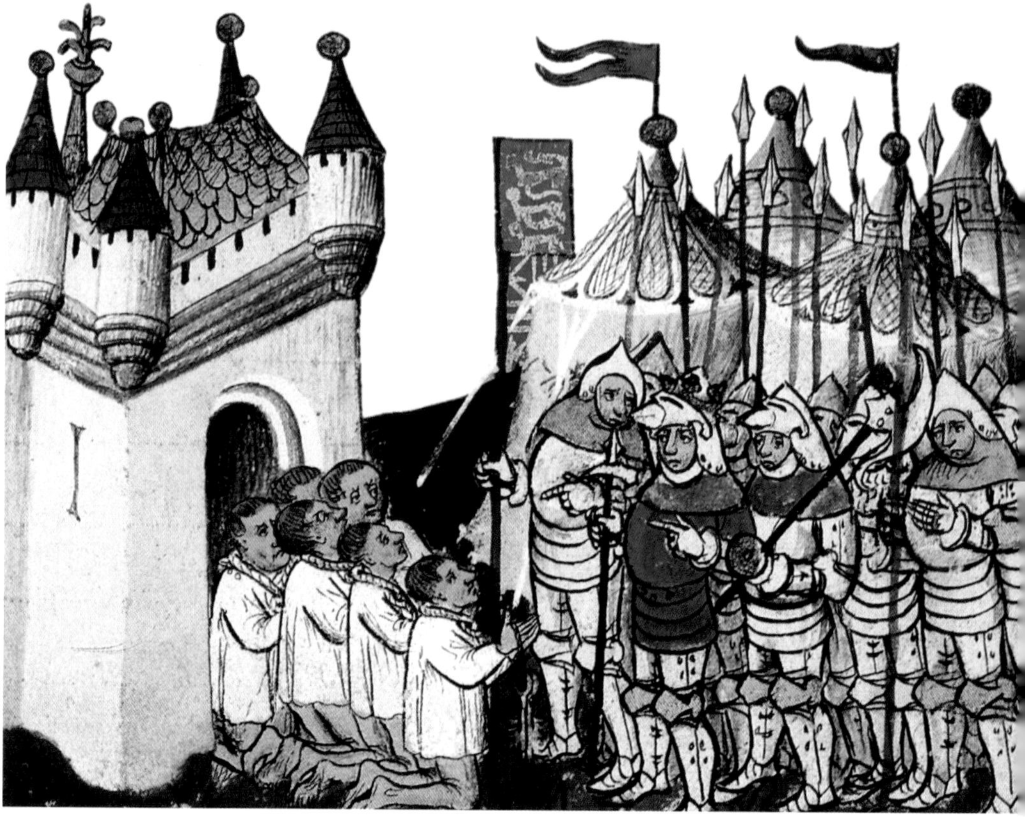

✠ 백년 전쟁 중의 일화로 유명한 '칼레의 시민.' 맨발에 속옷 차림으로 목에 밧줄을 걸고 잉글랜드군에게 무릎을 꿇는 칼레의 귀인들. 잉글랜드 병사는 전신 갑주를 걸치고 있다. 크레시 전투의 승리(1346년) 후에도 칼레 시민은 잉글랜드군에 저항하며 1년 가까이 버텼다. 1347년 8월 4일 함락된 후 6명의 시민 대표가 그 벌로 교수형에 처해지게 되었으나, 왕비의 중재로 죽음을 면한다. 14세기의 사본에서. (프랑스 국립 도서관 소장)

성이란 영주 지배와 기사·귀족의 생활양식을 상징하는 건물이다. 권력자와 그 측근들의 주거이기도 하다. 병사가 방비하지만 성주가 없는 요새와는 다르고, 전쟁을 위해 일시적으로 만들어지는 군영도 아닌 항구적인 건물이다. 서양에서 성이 우후죽순 만들어진 것은 왕권이 분할 상속과 재정 악화, 이민족 침입 등으로 약체화하여 요새 건축·축성권을 독점할 수 없게 된 대신 지방 권력자가 힘을 길러간 시대였다. 이러한 지방 권력자는 성을 근거로 성주가 되어 그 일대를 지배하는데, 왕이나 제후는 그들을 제압하는 대신 봉건적 권리를 수여하는 형식으로 그 존재를 인정할 수밖에 없었다. 성주는 왕·제후로부터 재판권, 징세권 등을 빼앗고 경제 발전의 수혜도 활용하며 성 주변 환경을 재조직하여 성주 지배권을 확고히 다져갔다.

9~11세기의 성은 원뿔대형, 원형, 타원형 등으로 흙을 쌓아올린 다음 목조 울타리를 둘러치고 주위에 해자를 파는 간단한 것이었으나, 이윽고 12세기에 석조 건축이 본격화하면서 13세기 들어서는 석조가 주류로 자리 잡는다. 말할 것도 없이 석벽은 나무벽보다 훨씬 견고하여 방위가 유리해졌다. 사각형의 커다란 거주용 아성(동종, 키프)은 너비 10m가 넘는 건축물이었다. 10세기 말 루아르 강 유역에서 등장하여, 11세기 후반에는 노르망디와 잉글랜드, 13세기에는 독일에까지 확산된다. 너비 30m 이상, 벽 두께 5~7m나 되는 둔중하고 견고한 것도 존재했으나, 이러한 형태의 성은 정상에서밖에 방위를 할 수 없어 정상에 벽 하부를 감

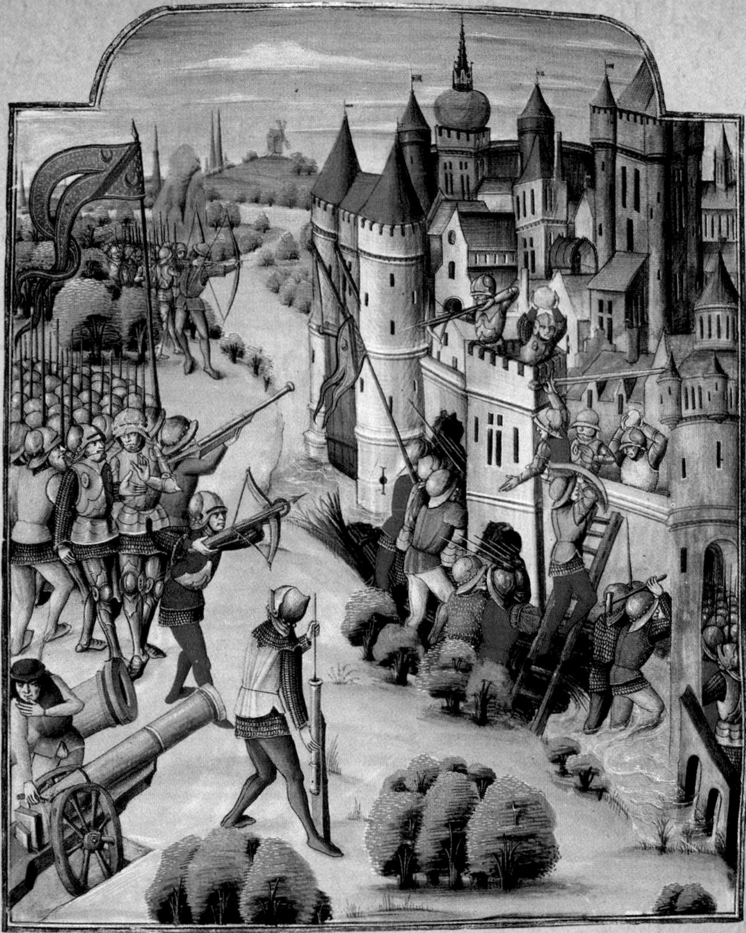

✠ 공성 장면. 공병이 벽 아래에서 작업하고 있다. (존 손 경 미술관 소장)

시하기 위한 목제 망루를 설치하기도 하였다. 하지만 나중에 등장하는 원형 또는 다각형 탑에서는 활을 효과적으로 쏠 수 있었다. 더 나아가 13세기 중반부터는 동심형의 이중 성벽을 갖춘 견고한 성이 나타난다. 덕분에 성에서 적을 2단으로 공격할 수 있게 되어 수비가 매우 견고해졌다. 그 후에도 영주 가족의 쾌적함 추구, 공성 기술과 무기 진화에 대응한 방비의 개선, 또한 수성 공격을 위한 진화가 16세기까지 계속되었다.

수비 측 부대의 경우 초기에는 성주의 가신인 기사들이 성에서 계속 대기하고 있었다. 이는 봉건적 의무 가운데 하나였으나, 시간이 흐르면서 기사들은 자신의 토지에 집을 짓고 영주의 성과 교대로 근무하게 된다. 그리고 14세기 이후로는 용병에게 수비를 맡기는 것이 일반화한다. 대포가 등장하고 공성 기술이 진보하는 15세기 들어서는 성의 역할이 축소되어갔다.

✠ 1. 9~10세기의 소박한 목조 성. a. b는 탑. 성채.
✠ 2. 11세기 노르만인의 성. 장방형 토지에 흙을 쌓아올리고 10~30m 크기의 아성을 세웠다.

✠ 3. 10세기의 낮은 석제 아성.
✠ 4. 11세기 말 앵글로노르만의 성.
✠ 5. 쿠시(엔 주) 성. 1225~1230년에 건설되었으며 탑의 높이는 36m나 된다.

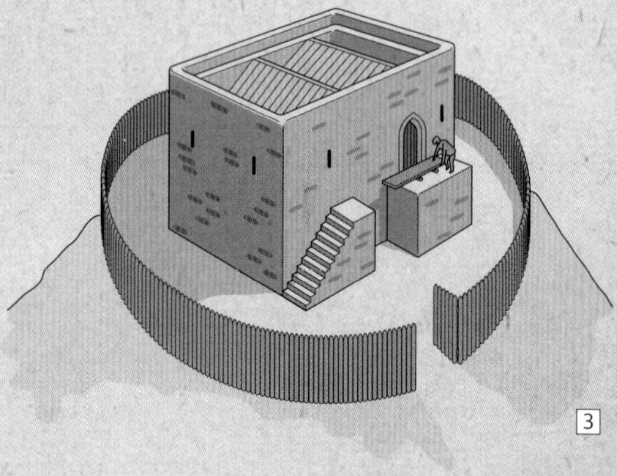

3

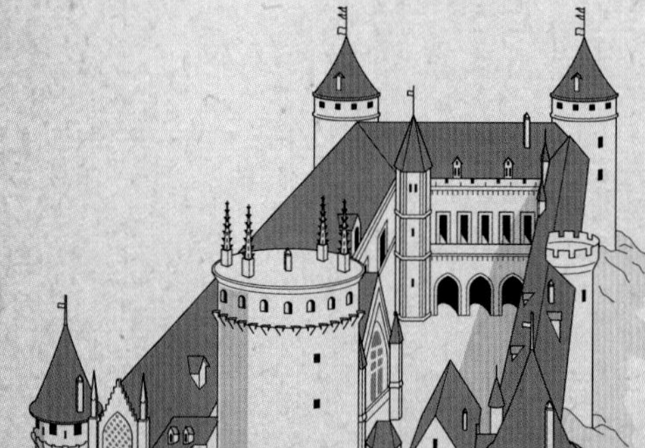

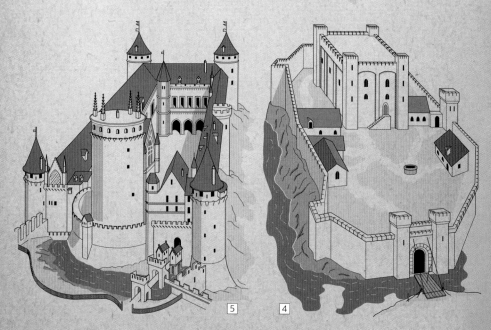

5

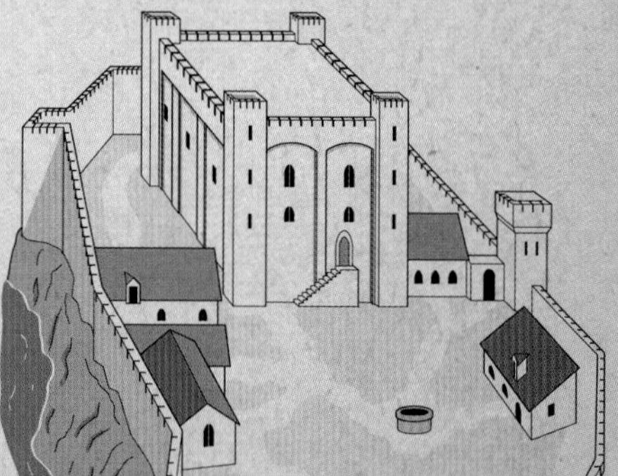

4

제6장
또 하나의 주역 -'말'의 역사

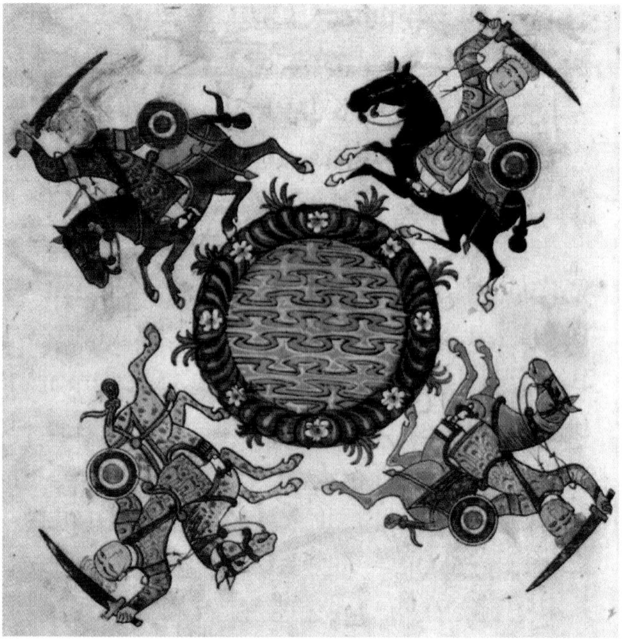

✠ 맘루크 병사들의 훈련. 시리아, 이집트의 노예 군인인 맘루크는 소년기부터 군사 기술을 익혔는데 승마도 매우 중시되었다. (대영 도서관 소장 사본에서)

기사는 말 없이는 있을 수 없다. 말은 화려한 기사 및 귀부인과 함께 기사 문화의 (숨은) 주역이었다. 하지만 기사 신분의 탄생이나 무구, 마구의 개량을 다루는 데 다량의 종이와 잉크를 소비해오면서도 말 자체에 관한 논의는 너무 적었다. 사실은 말에게도 변화하고 발전해온 역사가 있는데 말이다.

기원전 4000년대에 시베리아 남부로부터 흑해 북부에 걸친 스텝 지대에서 가축화한 이래, 말은 농작업·운반, 그리고 특히 군사 목적으로 활발하게 이용되며 인류의 농업과 상업과 문명의 확산에 공헌해왔다. 온갖 동물 가운데 인류의 진보와 가장 밀접한 관계에 있는 말의 공적은 대단히 크다고 할 수 있다.

그렇다면 말은 어떠한 과정을 거쳐 서양 기사들의 파트너가 되었을까. 지금부터 알아보자.

아라비아말의 도입과 말의 사육·교배

서양 세계에서는 이미 고대부터 그리스인, 로마인, 비잔티움인 등이 다양한 용도로 말을 활용하고 있었다. 즉 전쟁, 정보 전달, 수송, 전차 경주 등에 이용하였다. 다만 말과 일체화된 전사 신분=기사가 탄생한 것은 유럽의 중세 시대 들어서였다. 이것은 그리 간단한 일이 아니었다. 왜냐하면 무게를 견딜 수 있는 튼튼한 말, 말을 조종하며 무기를 휘두르는 것을 돕는 도구 등이 필수적이었기 때문이다.

732년 투르 푸아티에 전투에서는 견고한 진형으로 긴밀하게 조직된 보병대를 거느린 프랑크군이 승리하기는 하나, 적인 이슬람교도 기병대의 종횡무진한 활약에 농락당해 고전을 겪는다. 그래서 전투에 기병이 얼마나 중요한지 인식한 프랑크 왕국의 궁재 카를 마르텔(688 혹은 689~741년)은 기병대를 창설하지만, 그를 위한 말의 조달이 어려운 문제였다. 유럽 원산의 말은 소형이라 군사용으로는 적합하지 않았다. 따라서 아랍인을 통해 중무장을 견딜 수 있는 아프리카산 또는 중앙아시아산 말을 처음으로 유럽에 도입하게 된다. 그러나 충분한 크기의 대형 말을 안정적으로 생산하려

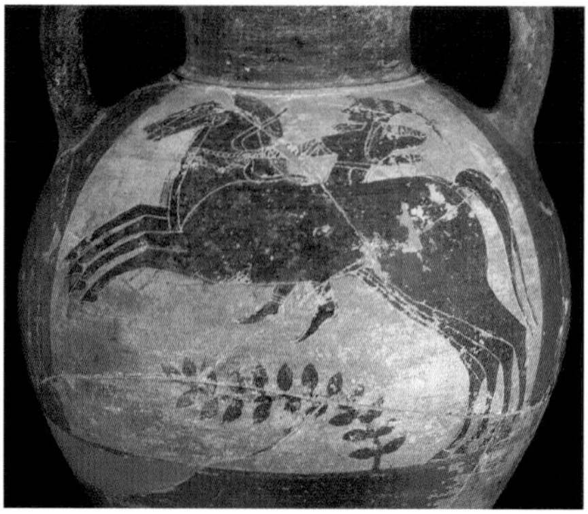

✤ 말을 탄 스키타이인 사수의 모습이 그려진 검은 무늬 수형(首型) 암포라. 체르베테리, 기원전 535~525년.

면 장기간에 걸쳐 사육·교배를 거듭해야 했다. 이때 카롤루스 대제(재위 768~814년)는 이미 말의 사육·교배에 큰 관심을 보였다고 한다.

이윽고 기사의 시대가 되자 대형화에 대한 욕구가 높아진다. 왜냐하면 제5장에서 서술하였듯이 기사의 갑주가 더욱 무거워진 데다 말에도 커다란 안장과 철제 장식 마구를 장착하면서, 100kg 이상의 무게를 감당하게 되었기 때문이다. 말에 실리던 무게는 12세기에 대략 170kg, 16세기에는 220kg에 달한 것으로 보인다.

그렇다면 어디에서 어떻게 튼튼한 대형 말이 만들어졌을까. 말의 사육, 체질·체형의 개량에 관해서는 8세기 말 시점에 이미 개개의 영주가 관리된 종마 목장을 소유·운영하기 시작하였고, 그것을 프랑크 황제가 보호하였다. 계속해서 11세기 이후가 되면 프랑스, 이탈리아, 스페인, 잉글랜드 등 각국이 이른바 국책으로서 사육장 건설을 추진한다. 이를테면 잉글랜드의 경우, 둠스데이 북(윌리엄 1세가 편찬한 세계 최초의 토지 대장)에 35개의 목장·수렵지가 실려 있는데 그중 몇 곳은 말 사육과 관련되어 있었다. 12세기에는 수도원 혹은 대주교와 세속 귀족이 말 사육장을 소유하게 된다.

또한 이탈리아에서는 11세기 후반 노르만인이 시칠리아를 정복한 것을 계기로 베르베르인과 아랍인에게서 직접 종마를 입수할 수 있게 되었다. 그리고 이탈리아 남부의 아풀리아, 칼라브리아 지방이 말 사육에 매우 적합했다. 석회암으로 이루어진 카르스트 지형이 뼈 형성에 필요한 칼슘이 가득 함유된 풀을 길러낸 데다, 표면에 돌이 많은 완만한 언덕이 수컷 망아지의 발굽을 단단하게 만들고 그들의 근육을 강화하여 튼튼한 체구로 성장하는 데 도움을 주었기 때문이다. 작고 가벼우며 민첩하고 다부진 말을 구입한 뒤 몸집이 큰 암말과 교배시켜 망아지가 태어나면, 수분을 잔뜩 머금은 풀을 먹여 키워 더욱 크게 만들었다. 노르만 시칠리아 왕국을 어머니에게서 물려받은 황제 프리드리히 2세(재위 1215~1250년)는 말의 품종 개량에 관심이 많아 다량의 사육장과 종마를 가지고 있었다.

프랑스에서도 국왕이 말 사육장을 늘리고자 앞장섰다. 나아가 1279년에는 필리프 3세(재위 1270~1285년)가 200파운드 상당의 토지를 가진 모든 기사, 1,500파운드 상당의 재산을 가진 모든 부르주아는 번식개량용 암말을 한 마리 소유해야 한다고 명하고, 또한

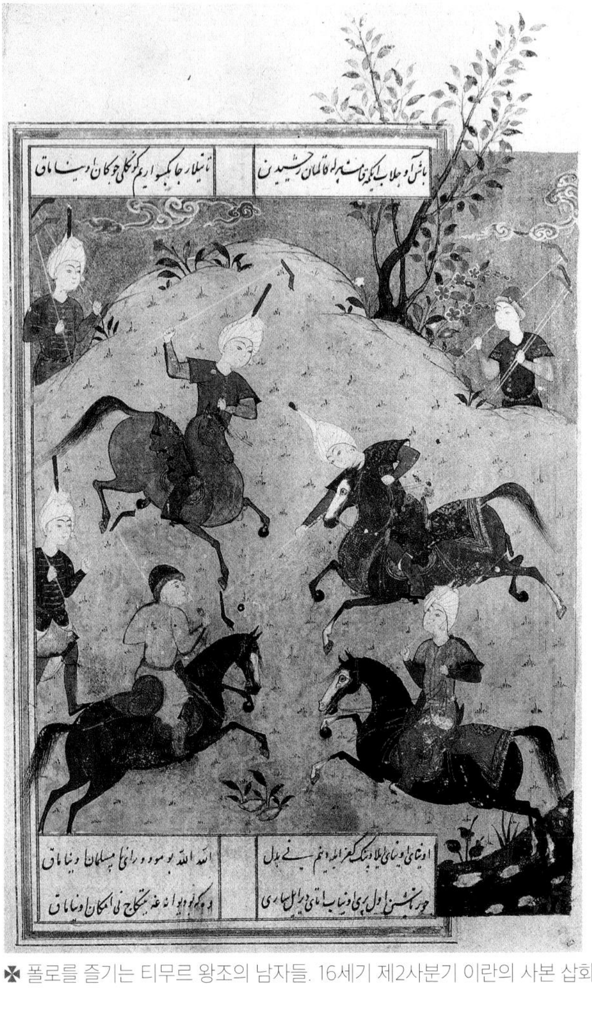

✤ 폴로를 즐기는 티무르 왕조의 남자들. 16세기 제2사분기 이란의 사본 삽화.

충분한 목초지를 가진 모든 영주, 수도원장, 백작, 공작은 1281년의 성촉절(2월 2일)까지 암말 4~6마리 규모의 사육장을 마련할 것을 명한다. 실제로 자신의 영지에서 나고 자란 말을 훈련시켜 이용하는 귀족과 고위 성직자가 많았다. 이와 같은 소수의 번식용 암말 사육은 가장 널리 보급된 방식이나, 동시에 한편으로는 대량의 야생마가 황무지와 숲 속에서 제멋대로 번식하였다. 가령 로앙 부백은 브르타뉴 한복판 로데악 숲 속에 500~600마리가량의 야생마를 보유하고 있었다.

말을 매매할 때는 사는 사람과 파는 사람이 직접 교섭하기도 했지만, 주시(週市)와 연시(年市)에서 거래되는 경우도 있었다. 프랑스의 샹파뉴, 파리, 루앙 등은 국제 말 시장으로, 각국 군주와 대영주의 밀사가 직접 찾아와 좋은 말을 골랐고 상인도 매입을 위해 방문했다.

장기간, 때로는 수년에 이르는 기간 동안 복잡한 방법으로 박트리아종 또는 아랍종을 선택적 교배·번식시켜 군마를 만들어내는데, 이를 몇 세대나 반복하여 수 세대에 걸친 사육 교배·품종 개량 노력을 기울인 결과 몸길이 170cm 이상 되는 거대하고 튼튼한 기마용 말의 대규모 산출이 가능해졌다. 하지만 이러한 거대화는 15세기로 한계에 달하고, 16~17세기에는 궁정 패션에 어울리는 날씬하고 경쾌한 말이 인기를 끈다. 이는 '기사'가 실질적 역할을 끝내고 명목상의 존재가 된 상황과 통하는 바가 있다고 할 수 있겠다.

말의 용도 구분

말은 농업용, 운반용, 그리고 전쟁용 등 다양한 용도로 사용되었는데, 말이 기사의 동료가 되는 데는 승마를 위한 여러 가지 도구의 발명·개량이 필요했다. 등자·편자·박차·안장(앉는 부분이 오목한 안장)·고삐(재갈 달린 고삐) 등이다. 특히 8세기 초반 중동으로부터 비잔티움인을 통해, 혹은 직접 프랑크족에 등자가 전해져 마상에서 똑바로 몸을 지탱할 수 있게 된 것은 기사들에게 결정적으로 중요한 사건이었다. 등자를 딛고 양발을 앞으로 힘껏 뻗음으로써 그 반동을 이용해 상체를 뒤로 젖히는 자세가 가능해졌고, 또한 등자 덕분에 말의 보조에 맞춰 발에 걸리는 반발력을 없앰으로써 부하가 걸리지 않는 편한 기승법을 고안해낼 수 있었다. 게다가 발을 힘껏 디딜 수 있기에 검과 창을 마음껏 휘두를 수도 있게 된 것이다. 또 하나, 편자의 사용으로 상처입기 쉬운 말굽이 보호되어 길고 험한 길도 답파할 수 있게 되면서 군마의 성능은 비약적으로 향상된다.

중세에 탈것으로 이용된 말에는 몇 가지 종류가 있었다. 전쟁에는 빠르게 달리는 '준마(쿠르시에[코서])'또는 '군마(데스트리예[데스트리어])'가 이용되었는데 엄청난 고가였다. 기사는 전쟁이 시작되기 전까지 여기에 타지 않고, 전시가 아닐 때는 견습기사가 말을 끌었다. 이 말은 공격하는 강한 힘을 갖추고 빠르게 선회할 수도 있어야 했다. 가장 인기 있던 것은 아라곤, 카스티야, 가스코뉴산이었다. 그리고 이 말은 수말이 아니면 안 되었다. 왜냐하면 암말이나

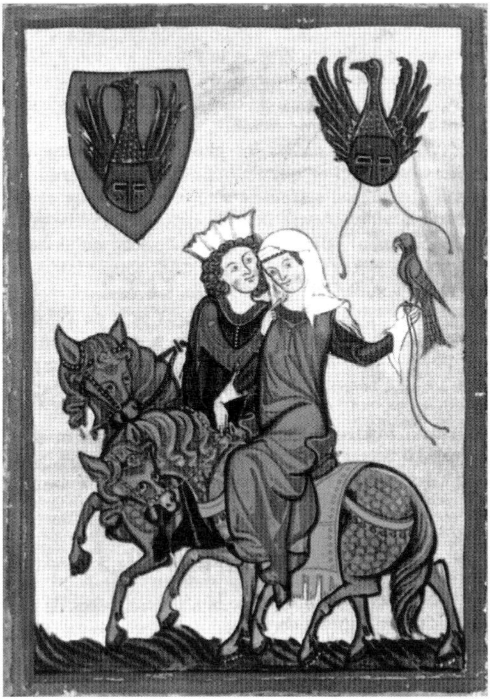

✠ 말을 타는 여성, 『마네세 사본』(1350년경). 콘라딘 왕이 연인에게 구애하고 있다. 여성은 손에 새매를 얹고 있다.

거세마는 용기·위엄을 중시하는 기사에게는 걸맞지 않다고 여겨졌기 때문이다. 암말·거세마는 성직자와 여성의 탈것이었다.

고급 '의장마(儀仗馬, 팔프루아[폴프리])'도 매우 고가로서 기사가 거기에 타는 것은 의식 때뿐이었으나, 귀부인과 젊은 여성, 고위 성직자는 여행할 때 타기도 하였다. 의장마는 정확히 측정된 커다란 보폭으로 걸어야 했으며, 더구나 그것을 무거운 무구·장식을 걸치

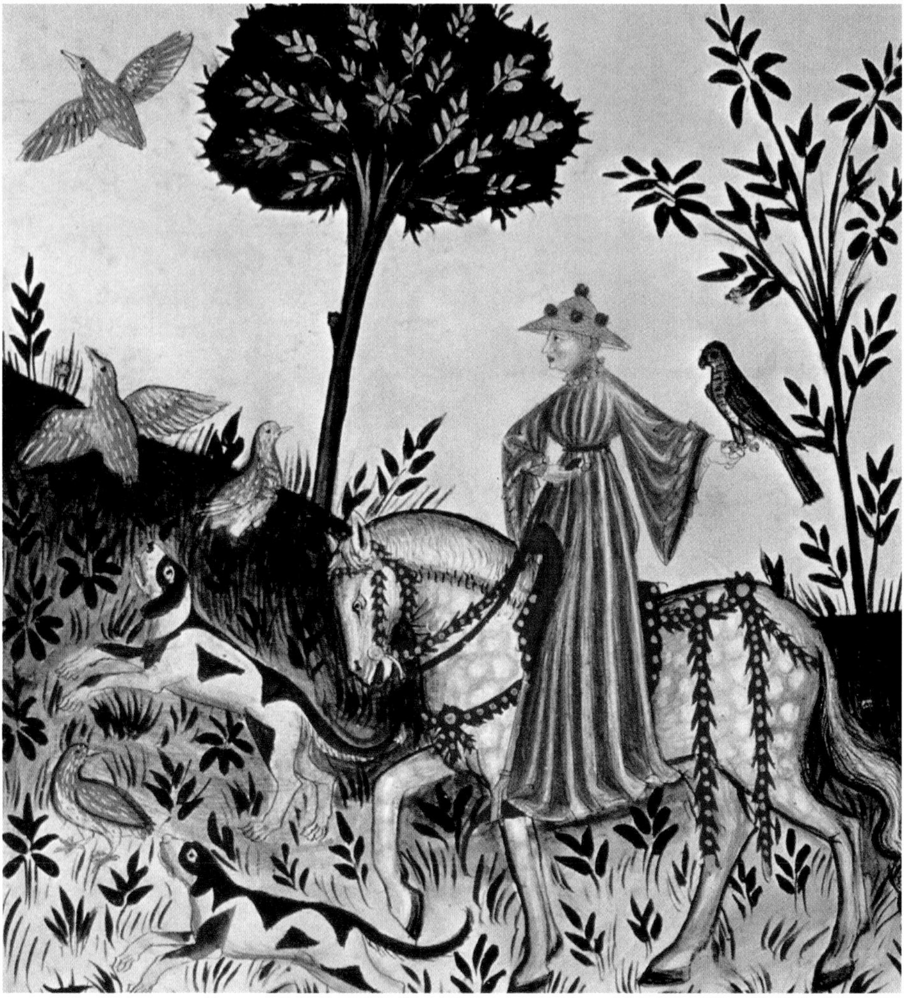

✠ 백마를 타고 매사냥을 하는 여성. 『건강 전서』 사본에서(14세기 말). 스패니얼견 두 마리가 자고새 떼를 쫓고 있다.

고 해내야 했다.

어디에나 유용한 '비거세마(롱생[라운시])'는 보다 가치가 낮지만, 때로는 가난한 기사·견습기사의 탈것이 되었고 성직자가 타는 경우도 있었다. 또한 짐말로도 쓰였다.

기사는 이와 같은 세 종류의 말을 소지해야 했는데, 이들을 자비로 갖추려면 상당한 재력이 필요했다. 물론 재력에 여유가 있는 기사는 더욱 많은 말을 가지고 있었다.

말에는 네 가지 걸음걸이가 있다.

　①습보(襲步)=갤럽은 가장 빠른 주법으로서 일련의 도약으로 이루어진다. 말은 우선 동시에 좌우 앞다리를 들어 올리고, 이어서 좌우 뒷다리를 들어 올림으로써 앞으로 날듯이 나아간다.

　②포족(跑足)=트롯은 일반적인 속보(速步)로서, 걷는 것보다 상당히 빠르다. 왜냐하면 한쪽 앞다리와 그 반대쪽 뒷다리를 동시에 들어 올리고 착지시키는 주법으로 아주 짧은 시간 모든 다리가 지면에서 떨어지게 되기 때문이다.

　③측대보(側對步)=앰블은 같은 쪽 앞다리·뒷다리를 함께 들어 올리는 보법이다. 말이 다리를 지면에서 그다지 높이 들지 않고 뒷다리보다 앞다리를 약간 빨리 디뎌 미끄러지는 듯한 인상을 주기도 한다.

　④병족(並足)=워크는 포족과 같은 동작이지만 말이 천천히 움직인다.

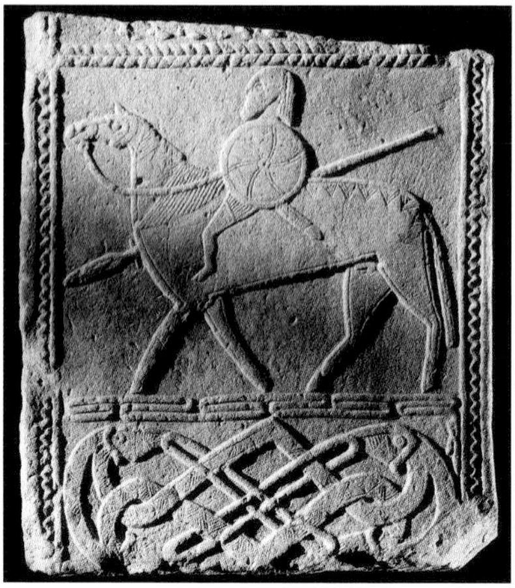

✠ 호른하우젠의 기마 석비. 7세기.

동료로서의 말

기사에게 말이란 특별한 동물이었다. 성서의 '창세기' 제1장 28절에서 이야기하듯 지배하고 예속시켜야 할 '동물'이라기보다, 자신들이 추구하는 이상을 함께 달성해갈 '동료'였다. 말은 기사와 한시도 떨어지지 않고 전쟁에, 사냥에, 그리고 토너먼트에 함께 임했는데 서로에 대한 신뢰 없이는 좋은 결과를 바랄 수 없었다. 그래서 그러한 기회가 있을 때 말고도 기사는 일상적으로 말을 돌보고 익숙하게 타며 대화를 나누고 애정을 보이는 등 마치 친구처럼 대했다.

군마는 세심한 주의를 기울여 오랜 시간 훈련시켜야 제 몫을 다 할 수 있었다. 어린 망아지에게 재갈을 물리거나 안장을 얹는 것

✚ 요르다누스 루푸스 『히피아트리아. 말에 관한 수의서』 13세기 말의 사본.

은 쉬운 일이 아니었으며, 큰 소리에 익숙해질 필요도 있었고, 또한 앞서 언급한 네 가지 걸음걸이를 익혀야 했다. 이러한 훈련을 같이하고 오랫동안 함께 지내며 성장해간 기사와 그 애마는 끊어지기 힘든 감정의 유대로 맺어지게 된다. 따라서 말이 다쳤을 때의 대미지도 엄청났다.

　말은 기사의 사회적 지위의 상징이기도 했다. 그러므로 왕후귀족이 마구간에 막대한 돈을 투자하여 말을 돌본 것은 당연한 일이라 할 수 있다. 말을 보면 소유주인 기사에 대해서도 알 수 있다고 일컬어졌듯이 말의 훌륭한 외모, 꼿꼿한 자세, 호화로운 마장(馬裝) 등이 기사의 미덕을 나타냈다. 반대로 말을 잃어버리거나 말을 타고서는 잘 싸우지 못하는 기사, 혹은 군마 대신 짐말을 타는 기사

✱ '밤베르크의 기사'라 불리는 슈타우펜 왕조의 기사상. 1235~37년 제작.

는 업신여김을 받았다.

　인간 친구나 다름없이 충실한 동료인 말에게는 이름을 붙어줬다. 『롤랑의 노래』에 등장하는 말의 이름을 소개하자면 제랭 백작의 말은 '소렐'(밝은 밤색), 제리에의 말은 '파스세르'(사슴을 앞지르다[이기다]), 가늘롱의 말은 '타슈브룅'(갈색 반점), 롤랑의 말은 '베이양티프'(용감·씩씩하다), 카롤루스 대제의 말은 '탕상뒤르(탕스뒤르)'(회백색)이다.

　궁정 문학 속에서는 도처에 말이 등장한다. 전투나 사냥을 할 때뿐만 아니라, 과수원에서 휴식할 때 혹은 귀부인에게 사랑을 이야기할 때도 그 충실한 동물은 기사 곁에 있다. 문학에서 칭송받는 좋은 말이란 전장에서 의기양양하고 용기 있게 기사의 명령에 따르고, 부상당한 기사를 태운 채 안전한 숲 속으로 이끄는 것은 물론, 기사의 지시가 없어도 스스로 적을 향해 빠르게 돌진하며 때로는 뒷발질도 하는 용감한 말이다. 또한 마치 노현자(老賢者)처럼 미묘한 이변을 눈치채고 울거나 코를 찌푸리는 말도 등장한다.

　문학 속의 기사는 파트너인 말이 마치 인간인 듯 종종 말을 거는데, 이는 아마 현실에서도 여기저기서 볼 수 있던 광경일 것이다.

✖ '요한계시록'에는 색이 다른 말 네 마리가 등장하는데 각각이 재앙을 나타낸다. 화가
가 동시대의 기사 모습으로 그것을 표현한 것이 흥미롭다. 붉은 말은 '전쟁'의 상징. (캉
브레 시립 도서관 소장)

한편 제르베르 드 메스는 로렌 사이클에 속하는 『제르베르 드 메
스』(12세기 말 또는 13세기 초반 작)에서 애마 플뢰리가 쓰러져 빈사 상
태에 빠지자, 사랑하는 말이 적의 손에 넘어가지 않고 자신 곁에서
죽는다는 사실만이 그나마 유일한 위안거리라며 다음과 같이 그
영웅적 죽음을 칭송한다.

아아, 나의 멋진 말이여! 너의 운명이 어찌 이리 나를 슬프게
하는가! 너는 발로 땅을 긁으며 우는 습관이 있었지. 멀리 떨어
져 있어도 그 울음소리를 들을 수 있었는데. 하지만 이제는 네
가 대지에 쓰러져 누운 모습을 보아야 하는구나! 다만 신께 감
사드릴 일이 하나 있다. 그것은 적들이 너를 빼앗을 수 없다는
것이니. 부디 내 곁에서 고이 잠들어라!

제7장
이야기 속의 기사

✖ 비엔 근교에서 카롤루스 대제와 롤랑을 만나고자 말을 타고 가는 올리비에. 두 사람은 각각 왕에 대한 충의(롤랑)와 가문의 명예(올리비에)를 위해 싸우지만 승부가 나지 않았고, 그 후 둘도 없는 친구가 된다. 『롤랑의 노래』의 내용보다 앞선 사건이다. 『지라르 드 비엔』, 14세기 전반. (대영 박물관 소장 사본에서)

이상적인 기사의 모습, 그리고 기사도는 그리스도교의 영향을 농후하게 받았지만, 단순히 신앙심을 가지고 교회의 대의를 위해 애쓰는 것만이 기사의 도리는 아니다. 이상적인 기사의 모습을 제시하는 것은 궁정 문학의 역할이었다. 본래부터 왕에게 충실하며 동료와도 우애의 끈으로 강하게 맺어져 있던 기사였으나, 12세기 이후 궁정의 신하들, 그리고 귀부인들의 우아한 생활양식이 정착하면서 기사는 우수한 궁정인이자 수완 좋은 사교가도 되어야 했다.

초기의 무훈시는 이교도와의 전쟁·무훈 또는 주군과 가신 사이의 신의와 배반, 남자끼리의 우애와 배신 같은 모티브 위주였으나, 이윽고 여성과의 관계가 전면에 부각되어 기사는 '사랑하는 남자'로서 모험을 떠나 고난을 극복하고 사명을 완수하려 한다. 거기에 그리스도교의 비의(秘儀)나 켈트의 신비가 더해지면 초자연적인 분위기가 농후해진다. 아서 왕 전설은 그 집대성으로, 원탁의 기사는 기사들의 이상이 되었다.

무훈시

기사들이 등장하는 최초의 문학 장르는 이른바 '무훈시'이다. '무훈시'란 민족 영웅의 무훈이나 다른 주인공의 여러 가지 역사적 공적을 다룬 서사시의 일종으로서, 당초에는 청중들을 앞에 두고 구두로 읊었으리라 여겨진다. 종글뢰르들은 시장에서는 민중 앞에서, 순례길에 연한 여관에서는 순례자에게, 성에서는 기사와 귀부인을 상대로, 나아가 교회 앞 광장에서는 교회를 찾아온 신도들에게, 음악 반주에 맞춰 낭랑한 목소리로 이를 읊었을 것이다.

영웅의 무훈 이야기가 성공을 거두자 그 인물의 다른 무훈이나 유소년기, 노년기의 이야기, 더 나아가서는 그 아버지나 할아버지, 친족의 이야기 등으로 테마가 점점 확대되어 이른바 사이클화가 일어난다. 그리고 11세기에서 12세기에 걸쳐 중요한 작품이 잇따라 만들어진다.

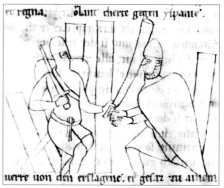

✠ (왼쪽)프랑크인의 평의. 펜화. 『롤랑의 노래』, 1180~90년경. (하이델베르크 대학 도서
  관 소장 사본에서)
✠ (오른쪽)사라센인을 죽이는 롤랑. 『롤랑의 노래』, 1180~90년경. (하이델베르크 대학
  도서관 소장 사본에서)

　무훈시 최초, 그리고 최고 걸작이 바로 프랑스의 『롤랑의 노래』
이다. 11세기 후반에 성립되었다고 전해지며, 12세기 초의 사본이
남아 있다. 이 작품은 이스파니아로 원정한 카롤루스 대제가 사라
고사까지 갔다가 돌아오던 도중, 고갯길에서 적에게 습격당했던
사실(778년)을 바탕으로 만들어졌다. 실제로 습격한 것은 바스크
인이었으나, 그것을 이슬람교도로 바꾸고 그리스도교 성전의 이
념을 가미해 그려냈다. 가늘롱의 배신과 롤랑의 너무나도 오만한
긍지―롤랑은 친구 올리비에의 충고를 듣고도, 뿔피리를 불어 황
제군 본대에 구원을 요청하기를 거부하고 롱스보에서 죽는다―가
파멸을 부르는 예스럽고 비통한 이야기이다.
　충절, 동포 의식, 무훈, 우애와 배신 등 남자들 사이의 감정이 거

친 전투 장면 틈틈이 묘사된다. 뿔피리를 불어 원군을 부르기를 완고하게 거부하는 롤랑의 모습은 무용을 무엇보다 중시하던 당시 기사의 이상을 나타내고 있다.

다른 '무훈시'에도 자주 '전투' 장면이 볼거리로 등장하는데, 여기서 시인들은 청중과 하나가 되어 기사의 용기와 격렬한 공격 양상을 칭송한다. 그래서 정면충돌로 상대를 낙마시키는 방법, 즉 방패를 몸 앞에 세우고, 이어서 박차를 가하며 고삐를 단단히 잡고, 창을 치켜들었다 아래로 내려 팔 아래에 단단히 고정하면서 적을 향해 겨누고, 정면으로 돌진하는 등의 일련의 전투 기술이 구체적으로 세세히 묘사된다. 얼마나 강하게 충돌하는지 강조하기 위해 시인은 종종 창이 적의 방패를 깨부수고 갑옷을 꿰뚫은 뒤 적의 몸을 관통하여, 반대편으로 창끝이 튀어나왔다고까지 적고 있다. 무훈시에서는 이런 장면이 셀 수 없이 되풀이된다.

『롤랑의 노래』에 명료히 드러나듯이 이교도와 싸우는 기사들의 이야기에는 이미 십자군 분위기가 감돌았으며, 어떤 작품에서든 최종적으로 사라센인은 강제 개종되거나 그렇지 않으면 섬멸당하는 결말이었다. 그리고 그 전쟁의 승리를 통해서 이교도는 그릇되었고 그리스도교만이 올바른 종교라는 사실이 증명되는 것이다. 그들의 싸움은 단순한 세속의 싸움이 아니다. 신의 인도를 받는 싸움이었다. 그 증거로 이를테면 『롤랑의 노래』에서는 대천사 가브리엘이 카롤루스 대제의 머리맡을 지켰고, 아미르(이슬람교도 총독, 군대의 장)와의 대투쟁 때도 곁에 있었다. 또한 가브리엘은 롤랑이 죽으려는 찰나에도 곁에서 그 기도를 들었다. ─"아버지여, 라자로를 되살리시고 다니엘을 사자굴에서 구해주신 분이시여, 저의 영혼을 위험과 절망에서 건지시고 저의 죄를 사하여 주옵소서"라는 기도를.

이와 같이 무훈시 속에는 그리스도교 전사로서의 기사들이 이교도와의 싸움에 직면하여 강한 종교적 감정을 느끼는 모습이 묘사되어 있다. 기사란 신과 지상의 주군 둘을 섬겼으며, 목숨을 건 전투 때는 십자가 위에서 죽은 예수 그리스도가 그들의 용기의 원천이었다. 『롤랑의 노래』 이외에 『기욤 도랑주』에도 종교 감정이 드러나고 있다. 그 가운데 주목할 만한 감동적 장면으로는 예를 들어 빈사 상태의 비비앙 곁에 기욤이 무릎 꿇고, 주머니에 들어 있는 성별된 성체로 그에게 죄 사함을 주려 하면서 신=예수에 대한 비비앙의 신앙고백문 낭송을 듣는 장면 등이 있다.

하지만 사실 이교도와의 싸움이 무훈시 최대의 주제는 아니다. 가장 주된 명제는 왕에 대한 가신의 충의, 영주에 대한 기사의 충성이나 혹은 그 충성의 한계였다. 주군에 대한 절대복종의 미학뿐만 아니라, 반대로 의리와 인정에 사로잡혀 주군에 대한 충성을 관철지 못하는 '반란 영주 이야기'도 다수 창작되었다. 『지라르 드 루시용』, 『르노 드 몽토방』, 『라울 드 캉브레』 등이 대표적으로, 가신으로서의 충성과 개인적 명예를 어떻게 절충할 것인가, 어머니가 사는 수도원이 불태워지고 친족이 살해당하는 등 가족·친족이 학대받거나 부정하고 배은망덕한 짓을 당해도 주군을 섬겨야 하는가 같은 무거운 물음이 이야기의 배경을 이룬다.

'무훈시'의 청중 대부분은 기사 계급이었다. 그래서 이 장르에서는 그들이 이상으로 여기던 다양한 기사의 모습이 엿보인다. 다소 자존심을 자극하는 기사의 자화상이라고도 할 수 있지 않을까. 다만 반대로 그 문학으로부터 현실의 전사들이 착상을 얻어 자신의 기사도를 다듬어가는 상호 작용도 있었다. 또한 그리스도의 전사=기사라는 이미지에는 당연히 교회의 의도가 반영되어 있었다.

궁정풍 로망

'무훈시'에 나타나던 전쟁 영웅주의로부터 복잡한 행동과 감정의 상호 작용으로 궁정 문학의 기조가 변화하면서 새로운 문학 장르가 탄생한다.

우선 남프랑스의 트루바두르들이 사랑을 테마로 한 세련된 서정시를 창작한다. 그들의 관념 속 세상의 중심에는 사랑하는 여성이 존재하며, 남녀 간에 충족되어 맺어진 사랑과 충족되지 않는 사랑에 대한 열망이 긴장 관계를 이루게 된다. 그리고 그 관계 속으로 들어간 기사는 용기, 예절, 관용 등의 미덕을 익히며 귀부인에게 다가간다.

가장 먼저 아키텐 공작 기욤 9세(1071~1126년)가 12세기 초두, 아직 표현이 거칠어 세련도는 떨어지지만 남녀의 사랑을 주제로 한 시를 썼다. 기욤의 후계자들은 신분이 낮은 기사이거나 성직자

✣ 기사의 유희. 젊은 트리스탄의 교육, 그리고 무예 시합을 위한 수행. 『트리스탄』 사본 삽화(13세기 제2사분기)에서.

또는 하인·평민으로서 그들은 특히 귀부인, 영주 부인에 대한 사랑의 봉사를 강조하였다.

　여기서 내세우던 새로운 사랑의 윤리에서는 남편이 배제되어 있기 때문에, 트루바두르가 노래하는 사랑은 '간통애'가 아닌가 하는 말도 있다. 그 윤리를 완성한 것은 베르나르 드 방타두르였다. 트루바두르들의 시 세계는 현실 기사들의 세계와는 동떨어진 유사 현실이기는 하지만, 양자는 상사성(相似性)도 내포한다. 왜냐하면 기사가 연인에게 봉사하는 관계는 영주에 대한 봉사 관계와 비슷하며 연애 수행도 기사 훈련과 유비적이어서, 난해해지기 쉬운 연애 사상이 어떤 기사든 이해할 수 있는 평이한 말로 치환되어 있기 때문이다. 이윽고 귀부인은 실제로도 토너먼트와 전쟁에서 기사의 보호자로 인식되기 시작하여, 기사는 귀부인에게 호의의 증표로 받은 손수건이나 옷소매 등을 투구에 장식하고 싸우게 된다.

이리하여 신분이 높은 귀부인에게 구애하는 궁정의 젊은 기사 또는 기사 지망생을 긍정하는 새로운 이데올로기가 생겨났으며, 거기에는 궁정 소속 이야기 작가와 성직자의 교육적 영향도 있었다. 남프랑스에서 탄생한 연애 서정시는 그로부터 북프랑스, 그리고 앵글로노르만 궁정으로 확산된다. 그렇게 전파되는 데는 아마도 헨리 2세와 재혼한 아키텐 공비 엘레오노르의 힘이 크게 작용했을 것이다. 서정시와 그 이상은 나아가 샹파뉴와 플랑드르, 이어서 독일과 카스티야에도 잇따라 전파되어갔다.

트루바두르들의 피나모르(정미한 사랑) 관념과 북프랑스 '브리튼 이야기'의 켈트적 신비 세계에 대한 동경을 로망이라는 장르로 결합하여 만들어진 것이 '궁정풍 로망'이었다. 기사는 이제 더 이상 전투에 목숨을 걸지 않고, 기껏해야 토너먼트를 전전하며 귀부인의 갈채를 구할 뿐인 연약한 존재가 되었다. 그리고 그런 기사가 부인에 대한 사랑 및 헌신과 주군에 대한 충의 사이에서 번민하는 심리극이 중심 테마가 된다. 그 초기 대표작을 쓴 것이 크레티앵 드 트루아이다.

그는 우선 1160년에서 1185년에 걸쳐 마리 드 샹파뉴, 이어서 필리프 드 플랑드르의 궁정에서 사랑과 결혼의 관계, 그리고 기사도 개념 속에서 사랑이 하는 역할을 둘러싼 몇몇 이야기를 썼다.

모험을 즐기며 풍류를 익히고 위기에 빠진 여성을 구출하는 늠름한 기사가 주인공으로서, 때때로 그 주인공은 나쁜 기사들의 협박과 폭력에서 벗어나려는 귀부인이나 소녀에게 무리난제를 요구받기도 한다. 하지만 결국에는 주인공 기사가 사랑의 시련은 물론 사악한 적들에게도 승리하는 행복한 결말이 기다리고 있다.

크레티앵 드 트루아는 『에레크와 에니드』에서는 사랑, 결혼, 기사도 셋을 화해시킨다. 아내에게 흠뻑 빠진 에레크는 매일 그녀 곁에서만 지내며 토너먼트 따위는 등한시하고 있었다. 그는 남자답지 않은 나약한 녀석이라고 뒤에서 매도당하는 줄 몰랐던 것이다. 우연히 그 말을 듣고는 이미 소문에 관해 알고 있었으면서 그것을 숨긴 아내에게 화를 내며 그녀를 벌하고 자신의 가치를 증명하고자 그녀 품을 떠나 긴 방랑길에 오른다. 그리고 그녀에게 앞으로 결코 말을 걸지 말 것, 즉 적이 퍼부어오는 가지각색의 공격이나 에니드의 아름다움에 매료된 적이 설치한 덫에 대해 경고하기 위해서라도 말을 걸지 말라고 명령했다. 스스로 몰아넣은 궁지 속에서 몹시 고생하면서도 결국 그는 승리함으로써 사랑·결혼·기사도가 양립, 정립(鼎立)할 수 있음을 증명해낸다.

크레티앵 역시 켈트의 영향을 농후하게 받았는데, 이는 다음 항목에서 다루게 될 그가 창작한 아서 왕 전설의 주요 작품에 분명히 드러난다. 또한 그 밖에 12세기 중엽 이후로는 비약에 의해 사랑의 불꽃을 불태우는 트리스탄과 이졸데의 사랑과 죽음 이야기군(群) 등이 프랑스, 그리고 그보다 약간 늦게 잉글랜드와 독일에서도 끊임없이 만들어졌다. 13세기 이후가 되면 구전 문학에서 필기 문학 형태의 궁정풍 로망으로 주류가 옮겨가며, 운문에서 산문으로의 변화도 수반되면서 성배 이야기군이나 산문 트리스탄 등 방대한 양의 작품들이 각국어로 지어지게 된다.

이처럼 이야기의 세계를 유람하는 기사란 더 이상 꾸밈없고 강건하여 실전에서 활약할 수 있는 기사는 아니지 않을까. 실제로 이들 이야기는 기사 계급의 내부 대립과 충돌 등 현실의 위기를 반영하고 있었으며, 그것을 허구의 세계에서 승화시킨 것이었다.

아서 왕 전설

이상적인 기사를 궁정풍 연애에 가미하여 켈트의 환상적 분위기 속에서 그려내게 되었을 때 탄생한 것이 아서 왕과 원탁의 기사들의 이미지이다. 그들이 등장하는 이야기는 12세기 이래 계속해서 확장되며 고쳐 쓰였다.

먼저 12세기 전반에는 잉글랜드의 몬머스의 제프리가 『브리타니아 열왕사』를 저술하였다. 이는 이미 전설화되어 있던 위대한 왕 아서의 생애를 기술한 최초의 중요한 작품이다. 이어서 앵글로노르만인 와스는 『브리타니아 열왕사』를 바탕으로 쓴 프랑스어 운문 『브뤼트 이야기』(1155년)에서 원탁의 모티브를 도입한다. 그리고 복잡하고 미묘한 인간 심리로까지 묘사의 촉수를 뻗어 개인의 갈등, 인간 사이의 감정 교착에 대해서도 깊은 통찰을 보여준 것이

아서 왕 전설

✤ 왕비 프레지틴과 아들이 성을 떠난다. '원탁 이야기집' 중 『성배 이야기』 사본(13세기 전반)에서. (렌 도서관 소장)

✤ 병에 걸린 랑슬로가 은자의 간호를 받는다. '원탁 이야기집' 중 『호수의 랑슬로』 사본(13세기 전반)에서.

✤ 고뱅(가웨인)의 견습기사가 갑주를 벗는 주인을 돕고 있다. '원탁 이야기집' 중 『호수의 랑슬로』 사본(13세기 전반)에서.

✤ 고뱅은 검을 든 소녀를 만난다. '원탁 이야기집' 중 『호수의 랑슬로』 사본(13세기 전반)에서.

✤ '바위의 귀부인'이 옥지기에게 미쳐 날뛰는 랑슬로를 해방하도록 명한다. '원탁 이야기집' 중 『호수의 랑슬로』 사본(13세기 전반)에서.

✤ 조제프가 성배를 운반한다. '원탁 이야기집' 중 『성배 이야기』 사본(13세기 전반)에서.

✠ 아서 왕과 반 왕이 왕비 그니에브르 및 궁정의 신하들이 지켜보는 가운데 토너먼트를 계획한다. (프랑스 국립 도서관 소장 사본에서)

크레티앵 드 트루아의 작품군이었다.

이들 '아서 왕 이야기'에서 어쩐지 아서 자신은 그다지 많이 그려지지 않는다. 하지만 그 대신 아서의 궁정 자체가 기사의 궁정의 원형이 되어, 그곳에서 다양한 매력을 가진 기사들이 우애로 맺어지거나 혹은 라이벌 의식을 불태우며 활약한다. 아서 왕 전설에서는 켈트의 초자연 세계에 대한 모험과 궁정풍 연애의 규범적 행동이 서로 뒤섞여 이야기가 전개되는데, 시대가 흐르면서 거기에 그리스도교적 요소가 더욱 짙게 침투하게 된다.

이러한 여러 요소를 처음으로 통합하고 랑슬로(랜슬롯)와 페르스발

✠ 제임스 아처 작 〈아서 왕의 죽음〉. 유화, 1860년.

(퍼시벌)이라는 두 중심인물을 창조한 것이 크레티앵 드 트루아였다.

크레티앵은 『짐마차의 기사 랑슬로』에서 랑슬로를 원탁의 기사의 일원으로 설정하고, 그와 주군 아서 왕의 비 그니에브르(귀네비어)의 간통애를 그리고 있다. 멜레아강(멜리아건트)에게 유괴당한 왕비 그니에브르를 되찾으러 향한 랑슬로는 왕비를 만나고 싶다면 죄인용 짐마차에 타라는 말을 듣고, 일순 주저하면서도 거기에 올라타 사람들의 조소를 받는다. 그 후 랑슬로는 수많은 시련을 극복하고 겨우 고르국에 다다른다. 왕비는 랑슬로에게 사랑을 주지만, 얼마 후 그는 체포되어 탑에 갇히고 만다. 그러나 멜레아강의 여동생 덕분에 해방되었으며, 아서 왕 궁정에서 멜레아강과 결투하여 그를 쓰러뜨리고 행복한 결말을 맞는다.

크레티앵은 최후의 작품 『페르스발, 성배 이야기』에서는 그리스도교 신비 사상을 조합하여 기사 윤리를 영화(靈化)시켰다. 페르스발은 본래 거칠고 촌스러운 남자였으나 마침내 우아하고 경건한 기사가 된다. 지상의 사랑은 여기에서는 거의 아무런 역할도 하지 않는다. 이 작품은 신화적 세계에 봉사하는 기사라는 새로운 기사도 개념을 가장 잘 표현하고 있다.

그런데 트리스탄 전설은 본래 아서 왕 전설과는 다른 계통의 이야기였으나, 앵글로노르만인 토마(『트리스탄 이야기』)와 베룰의 작품(『트리스탄 이야기』)에서 이미 아서 왕 전설에 편입되어 있다. 그 후 트리스탄 이야기 외에도 원탁 기사단을 주인공으로 하는 궁정풍 로망과 성배 전설이 잇따라 지어지면서, 아서 왕 전설은 끝없이 규모가 확장되어 일대 이야기군으로 발전해갔다.

중세 말에는 토머스 맬러리의 걸작(『아서 왕의 죽음』)이 출판된다. 나아가 현대에 와서도 거듭 번안되거나 속편이 지어지고 있으며, 극화로서도 무수히 많은 관련 작품이 존재한다.

결론적으로 이 아서 왕 전설을 통해 서양의 기사들이 더욱더 위광을 높인 것은 틀림없다 하겠다.

야유받는 기사들

무훈시에 그려지던 기사는 전신을 철로 된 갑옷과 투구로 무장한 굳센 남자였다. 하지만 서정시와 궁정풍 로망에 등장하는 기사는 말에서 내려 여성에게 무릎 꿇고 그녀를 받드는 세련되고 우아한 신사가 되었다. 이와 같이 전사에서 사랑하는 가신으로 본격적인 변모가 일어난 것은 12세기 후반으로, 그들을 그려낸 이야기에서 주인공일 터인 기사는 존재가 부정되는 것까지는 아니지만 비중이 옅어진다. 그리고 그와 비례하듯 여성이 점차 상위로 올라가며 존재감을 키워간다. 안정되어 변혁이 없어진 귀족 사회의 심리극인 것일까.

그러자 기사들을 동경하며 각종 생활양식을 귀족적으로 꾸미려던 일부 시민들도 이러한 궁정풍 연애와 기사도의 윤리를 모방하게 되었다. 그리고 모방을 넘어서 낭비하더니 결국에는 폄하한다. 도시민들은 동경해봐야 결국은 신분의 벽에 가로막혀 쉽게 되지 못하는 기사를 이번에는 야유하기 시작한 것이다. 그것이 문학 작품으로 만들어진 것이 파블리오이다. 파블리오란 북프랑스에서 주로 12세기 말부터 13세기 전반에 걸쳐 지어진 운문 골계담(滑稽譚)으로, 대표적인 서민 문학이라 할 수 있다.

파블리오 가운데 기사를 등장시킨 것이 20작품가량 된다. 주인공은 기사, 귀부인, 지체 높은 소녀 등인데 그들은 고귀한 귀인일 터이지만, 야비한 농민과 시민에게 어울릴 법한 비속적인 세계에서 움직인다. 몰락 기사는 돈을 탕진하고 방종한 젊은이가 되어

✤ 사본(1500~1510년)에 그려진 〈죽음의 무도〉 일부로, 아기가 '죽마 놀이'를 하고 있다. 기사가 되기 위한 연습의 첫걸음일까. (프랑스 국립 도서관 소장)

부르주아 여성과 불륜 관계를 맺는다. 그리고 시동이나 부인, 부인의 애인, 사제와 다투던 기사가 겁먹는 태도를 보이면 심하게 조롱당한다. 반면에 여성의 지성과 꾀는 칭송되고 있다. 그런 여성이 허세부리는 촌뜨기 기사를 기사도에 걸맞지 않는다며 경멸하는 것이다. 또한 때로는 에로틱하고 그로테스크한 색채를 가진 작품도 존재한다.

파블리오에서 기사는 희극적이고 추잡하며 비루한 존재로 묘사되는데, 이러한 야유의 집중포화를 받고 기사들은 구제할 길 없는 명예 실추를 당했을까. 하지만 꼭 그런 것만은 아니었다. 왜냐하면 이 파블리오의 청중에는 귀족도 있어 그들도 이를 즐겼으며, 분명 궁정풍 가치관이 조소의 대상이 되기는 했으나 잘 관찰해보면 기사의 본래 미덕인 용맹과 도량—그것이 위선이나 속임수, 배신,

178

탐욕으로 더럽혀지지 않은 한—은 야유의 대상이 되지 않았기 때문이다. 그래서 파블리오의 웃음은 개방적이며 긴장을 완화하는 작용은 할지언정 파괴적이지는 않다. 전체적으로 궁정의 이데올로기, 기사의 이상은 보호되고 있었다.

그러한 파블리오의 내용을 하나만 소개해보겠다. '얼간이 기사'라는 파블리오에서는 '옛날 깊은 숲 한가운데에 돈 많은 가신이 안락하고 쾌적하게 살고 있었다. (중략) 그에게 조금 더 지성과 양식이 있었다면 높은 성망을 얻었으리라. 하지만 사실 그는 너무나도 어리석어 그 자리에서 연거푸 일곱 번 이상 반복하지 않으면 아무것도 이해하지 못할 정도였다. 우매함이 완벽하게 그를 지배하고 있어, 그는 한 번도 여성과 동침해본 적이 없었고 "콩"(여성기)이 무엇을 의미하는지 몰랐다. 그럼에도 불구하고 그는 남근을 가지고 있었다'라며 이야기가 시작된다. 그리고 그 후 엉뚱하고 음탕하며 난잡하고 우스꽝스러운 희극, 기막힌 엇갈림과 난행, 외설적인 말과 행위가 펼쳐지는 것이다.

『광란의 오를란도』와 『돈키호테』

파블리오가 기사도의 근간을 뒤흔들 만한 파괴적 메시지를 항간에 퍼뜨린 것은 아니었다 해도 도시의 시민들, 하층민, 나아가서는

✠ (왼쪽)『광란의 오를란도』에서. 귀스타브 도레 작.

농민들까지 기사도를 흉내 내기 시작하고, 또한 본래의 기사가 업신여겨지는 기회가 늘자 역시 기사의 위신은 떨어지게 된다. 이는 기사 신분, 귀족 신분이 현실의 전쟁에서 거의 쓸모없어지고, 의례와 유희의 세계에서만 위광을 나타내던 것과 관련되어 있다.

그러나 그렇다고 기사와 기사도의 인기가 단숨에 떨어졌는가 하면, 뜻밖에 16세기 들어서도 인기는 확실히 이어지고 있었다.

프랑스 왕 프랑수아 1세(재위 1515~1547년)는 흠잡을 데 없는 기사 바야르에게 서임 받기를 바랐고, 그와 동시대의 잉글랜드 왕 헨리 8세(재위 1509~1547년)는 그와 더불어 주트(일대일 대결)의 달인이었다. 신성 로마 황제 막시밀리안 1세(재위 1493~1519년)도 토너먼트에 열중하였으며, 자신을 방랑 기사라 자인하고 있었다. 그 손자인 스페인의 펠리페 2세(재위 1556~1598년) 역시 한 사람 또는 일단의 기사가 도전자로부터 일정한 길이나 다리를 지키는 모의전 '파 다르메'를 능숙하고 세련되게 행하는 영웅이었다. 문학에서도 새로운 기사도 로맨스—『아마디스 데 가울라』 등—가 집필, 출판되었고, 카탈로니아의 백과전서적 사상가 라몬 룰의 기사도론 같은 책도 새롭게 출판되었다. 다만 이것들은 모두 왕후의 기사도 유희였으며, 기사도 문학 역시 과장된 서술만 존재할 뿐 신기축이라 할 만한 것 없는 동일한 테마의 반복, 재탕에 불과했다.

문학의 새로운 전개라면 우선 15세기 중반 페라라 에스테 가의 에르콜레 1세 궁정에서 궁정 시인 마테오 보이아르도가 롤랑의 노래를 번안하여 『사랑에 빠진 오를란도』를 저술하였는데, 화려하면서도 유쾌한 모험 이야기였다. 이전까지 이탈리아에는 프랑스 작품의 모방, 모작밖에 없었기 때문에, 이 걸작은 이탈리아 기사도 문학의 역사에 찬연히 빛나게 되었다.

『사랑에 빠진 오를란도』는 미완으로 끝났지만, 이 성공에 감화를 받은 루도비코 아리오스토(1474~1533년)가 기사 서사시『광란의 오를란도』(초판 1516년, 제3판 1532년 간행)를 집필하여 대성공을 거두었다. 이야기의 줄거리는 카롤루스 대제의 무장 오를란도와 오리엔트 미희 안젤리카의 비련, 그리고 그로부터 기인한 오를란도의 광란을 축으로 하고 있다. 환상과 현실 세계가 뒤섞이며 주인공들은 차례로 어지러운 싸움과 사랑의 모험에 몸을 던진다. 여성, 기사, 전투, 사랑, 그리고 예절과 용맹을 낭랑히 노래한 이 장대한 서사시는 훌륭한 내용과 구성으로 독자의 감정을 자극하여 극적 세계로 이끌었다.

한편 스페인의 세르반테스(1547~1616년)는『돈키호테』를 통해 한층 더 희작적(戱作的)인 기사도 문학을 만들어냈다. 이 작품은 세르반테스 자신이 레판토 해전(1571년)에 참가했던 젊은 날의 영광과 그 후의 거듭된 불우 등을 되돌아보며 쓴 것으로서 시대를 반영한 명작이다.

낡은 갑주를 입고 편력 기사가 된 50 언저리의 시골 향사 돈키호테는 시골 처녀에게 동경하는 소녀 둘시네아의 이미지를 덧씌우고, 야윈 말 로시난테에 올라타 여행을 떠난다. 그는 중세의 기사도 이야기에 심취한 나머지, 그들 이야기의 내용이 전부 진실이라

고 믿으며 지금도 실현할 수 있다고 생각하고 의기양양하게 출발한 것이다. 하지만 시대착오가 심한 그는 당연히 많은 곤란과 좌절을 겪고 조소와 폭력을 당한다. 거기다 도중에 농부 산초 판사가 종자가 되면서 두 사람 사이에 온통 뒤죽박죽인 대화가 끝없이 펼쳐지게 된다.

일상의 평범한 시골 풍경·행위가 망상에 의해 터무니없이 장엄한 기사도의 무대가 되어, 계속해서 모험을 연출하는 돈키호테의 모습은 가련하면서도 우스꽝스럽다. 중세의 미덕과 기사도의 화

✖ '돈키호테가 양 떼 사이로 들어가고 있다.'

✖ (왼쪽)'나의 벗, 나의 노쇠한 동료여.'
✖ (오른쪽)'즉시 큰 접시·작은 접시를 가지고 갔다.'

✖ (왼쪽)'거만하게 고개를 들고 득의양양한 표정으로 전진하는 돈키호테.' 182~183쪽 전부 귀스타브 도레가 그린 『돈키호테』 삽화.

✖ '돈키호테의 최후.'

신인 편력 기사를 주인공으로 삼은 이 소설은 한편으로 그 지나버린 영광의 세계를 부정하며 대중이 찬양하는 기사도 이야기의 과장된 표현·명성을 깎아내리면서도, 다른 한편으로는 애착을 가지고 기사도에 대한 진지하고 순수한 정열을 토로하고 있음을 간과해서는 안 된다.

아리오스토의 작품이든 세르반테스의 작품이든 이들 근세 초 기사도 문학의 대작은 중세의 기사와 기사도를 야단스럽게 칭찬하면서 때로는 풍자하고 때로는 비현실성을 부각하는데, 어느 쪽이든 이는 본래의 기사도에 종언을 고하는 것이라 할 수 있겠다.

5
백조의 기사

 '백조의 기사'는 고드프루아 드 부용의 영광스러운 선조로도 유명한 전설의 기사이다.

 어느 왕국의 왕비가 잉태하여 아들 여섯과 딸 하나를 낳지만, 왕비는 시어머니 즉 부왕(夫王)의 어머니에게 미움받아 갓 태어난 아이들을 두 번이나 살해당할 뻔하였다. 하지만 그럴 때마다 신이 살해를 명받은 부하에게 다정한 마음이 싹트도록 만들어, 아이들은 살해당하는 대신 숲 속에 방치되거나 목에 걸고 있던 은사슬을 빼앗기는 데 그쳤다. 그러나 사슬이 벗겨지자 아이들은 바로 순백의 백조로 변신했다. 단 한 명, 양부모인 은자와 구걸하러 나갔던 아이 헬리아스만이 인간의 모습인 채였다. 헬리아스가 백조의 모습으로 강에 나타난 여섯 형제에게 아버지인 왕으로부터 돌려받은 은사슬을 채우자 그들은 인간의 모습으로 돌아왔으나, 여섯 마리째의 사슬은 이미 녹아 은잔이 되어버리는 바람에 한 마리만은 인간으로 돌아오지 못했다.

 이윽고 '백조의 기사'=헬리아스는 부모와 친구 곁을 떠나기로 한다. 그리고 백조(실은 남동생이 변신한 것)가 끄는 배를 타고 오토 황제의 궁정에 찾아가 부용 공작부인의 대투사(代鬪士)가 되었다. 왜냐하면 그녀가 부당하게 봉토를 빼앗긴 사건에 대해 오토는 결투를 통해 해결하도록 판결을 내렸기 때문이다. 프랑크푸르트 백작에게 일대일 대결로 승리한 그는 공작부인의 딸 베아트리스와 결혼하는데, 거기에는 결코 남편의 태생을 묻지 말아야 한다는 조건이 붙어 있었다. 그녀는 딸 하나를 잉태하는데, 천사가 예언하기를 그 딸은 한 사람의 왕, 한 사람의 백작, 한 사람의 공작의 어머니가 될 것이라고 하였다. 되풀이되는 작센인의 음험한 공격에도 불구하고 백조의 기사는 부용 공작령을 획득·소유하였으며, 그것이 결혼을 통해 그의 것이 되었다. 베아트리스는 이다인을 낳았고 헬리아스는 딸을 매우 예뻐한다.

7년 후 어느 날 밤, 베아트리스는 남편에게 (금지되어 있던) 출생의 비밀, 이름과 가족에 관하여 이것저것 묻기 시작했다. 그러자 헬리아스는 슬픈 표정으로 아내를 비난하며 침대에서 나와 이별을 고했다. 이렇게 된 이상 그는 사라지거나 죽어야만 하는 운명이었다. 그의 동생인 백조가 다시 작은 배를 끌고 강에 나타나더니 크게 울어 형을 불렀다. 헬리아스가 올라타자 백조는 그것을 끌고 비탄에 잠긴 아내의 시야가 닿지 않는 곳으로 떠나버린다. 헬리아스의 딸 이다인은 이윽고 부용 백작에게 시집가 세 아들 고드프루아, 외스타슈, 보두앵을 낳았다. 이 고드프루아가 바로 예루살렘 국왕이 된 고드프루아 드 부용이다.

십자군 사이클(이야기군) 가운데 하나인 이 '백조의 기사'는 1218년 이전에 지어진, 12음절 시구(알렉상드랭) 4,500행으로 구성된 작품으로서, 전통적 서사시에 경이로운 요소를 많이 채용하여 부용 가의 위광을 높이는 데 기여하였다.

Hier wil ic laten vandē riddr mettē swaen helpas
die nv reyst na Nimegen om bi den keyser te co-
men/die vā god gesondē was ō te beschermē die herto/
ginne van billoen/als ō volgen sal. So was keyser Ot
to vā almaniē dyer ste vā diē name/die ond hē had dat
landt van Ardennen vā Ludick vā Namen.eñ hi hielt
zijn parlemēt te Nimegen/eñ al dien ōghelijc ghedaen
wert quamen voor dē keyser om rechte te hebbē.die een

✠ 백조의 기사, '백조의 기사 헬리아스' 16세기.

제8장
기사 신분의 민주화와 폐쇄화

�֍ 영주의 착취와 자연재해로 곤궁해진 농민들이 영주 가족에게 복수하고 있다. 1410년.
(아르스날 도서관 소장 사본에서)

앞 장에서 약한 자들, 특히 여성을 돕는 용감하고 늠름한 정의의 편이라는 기사의 이미지가 중세 후기 들어 흔들리기 시작했다고 서술하였는데, 실제 기사의 군사적·정치적·사회적 전성기는 그리 길지 않았고 극히 짧은 편이었다. 무기의 진화가 기사의 쇠퇴를 가속시켰지만 원인은 그것만이 아니었다. 사회·경제적 요인도 기사의 몰락에 크게 작용하였다.

기사 생활에는 돈이 든다. 기본적 장비로 말·투구·사슬 갑옷·검이 필요했는데, 이를 준비하기 위한 비용은 150헥타르의 영지를 가진 영주의 연수(年收)에 필적한다. 이러니 그렇게 간단히 기사의 의무를 다할 수 없는 것도 당연하다. 그래서 가신들은 주군에 대한 군사적 봉사를 함에 있어, 기사로서 직접 전장에 나가는 대신 금전으로 대체하는 길을 선택하게 된다. 한편으로 주군은 전문 용병을 고용한다는 구조가 서서히 완성되었다.

또한 이전까지 귀족들의 전권이었던 기사 서임 권리가 12세기부터는 도시 당국에도 인정되면서 '도시 기사'가 탄생한다. 즉 귀족 신분이 아닌 사람도 기사가 될 수 있게 된 것이다. 이러한 '민주화' 움직임에 대항하여, 귀족들은 폐쇄적인 엘리트 기사 집단을 창설하려 한다. 그들은 진정한 기사가 될 자격은 몇 대에 걸쳐 대대로 기사 가문인 사람에게만 있다며 혈통을 중시하고 그와 더불어 재력도 가입 조건으로 삼았다. 실제로 15세기 들어 기사의 장비는 더욱 화려해져, 500헥타르 규모 영지의 노동 생산량을 탕진할 정도까지 이른다.

중세 후기의 사회와 기사

기사가 역할을 끝내가던 14~15세기에는 기후 불순, 기근과 역병의 빈발로 인구가 격감한다. 농촌에서 도시로 노동 시장을 찾아 농민들이 유출되면서 많은 폐촌이 발생했으나, 그대로 마을에 남

✠ 무시무시한 흑사병 희생자의 매장. 관에 매장되면 그나마 나은 편이고, 대부분은 거대한 구덩이 한곳에 처넣어졌다. 14세기, '연대기'. (브뤼셀, 왕립 도서관 소장)

은 농민은 노동력 감소로 고민하던 영주에 대해 강한 입장에 설 수 있었다. 다시 말해 영주는 조건 좋은 일을 찾아 다른 마을이나 도시로 이동하려는 농민들을 어떻게든 붙잡기 위해 대우를 개선해 줄 수밖에 없게 된 것이다.

독일에서는 곡물 가격 하락이 두드러져 영주의 수입이 대폭 줄어들면서, 소령 가운데 직영지를 소작지로 전환하거나 경영을 농민에게 위탁해서라도 어떻게든 영지를 유지하려 애썼다. 프랑스에서도 백년 전쟁 등의 전란 탓에 농촌이 황폐해지자 폐촌, 경작 포기지가 급증하는데, 이곳의 영주도 직영지를 소작지로 바꾸면서 농민이 스스로 경영할 수 있는 길이 열리게 되었다.

이 같은 상황에서도 기사는 자기 부담이 원칙이었기 때문에, 설사 영주라 해도 고가의 무구와 말을 갖추기가 점점 힘들어졌다. 이런 이유로 종군 의무의 금납 대체와 용병 채용이 이루어지게 되는 것이다.

경제 위기는 농촌뿐만 아니라 도시에도 찾아왔다. 도시에 유입된 농민·미숙련 노동자는 사회의 하층민을 구성하였으며, 외부인들과의 경쟁을 피하고 기득권을 지키려는 목적에서 길드가 폐쇄화되자 직인은 좀처럼 장인이 될 수 없었다. 이리하여 하층민과 상층민, 장인과 직인 간에 대립이 심각해진다. 하지만 일부 상인들은 지역 경제 네트워크를 활용하여 어려운 시기를 극복하고 부를 쌓기도 하였다. 중세 말에는 농촌이든 도시든 경제적 격차가 더욱 커지면서 도시 하층민과 농민의 반란(자크리의 난, 와트 타일러의 난, 독일 농민 전쟁)이 일어난다. 재정난에 빠진 왕이 과세를 강요한 것도 불에 기름을 붓는 결과를 가져왔다.

다만 이러한 경제적·사회적 위기 한편으로 국가 통일이 한층 진전된 것도 사실이었다. 독일, 이탈리아는 별개지만 프랑스, 잉글랜드, 스페인 등에서는 전쟁(백년 전쟁, 레콘키스타)을 거치며 일종의 국민 국가적 국가 체제가 완성되어갔다. 이를테면 프랑스는 백년 전쟁 전반, 열세였던 탓도 있어 정치적 혼란과 경제적 위기가 심각하였으나, 전화위복이라 해야 할지 국왕 장 2세(재위 1350~1364년)의 몸값 지불을 위해 직접세 및 간접세로 이루어진 항상적 조세 제도를 확립하면서 왕정의 안정적 발전에 기여하게 된다. 또한 자치

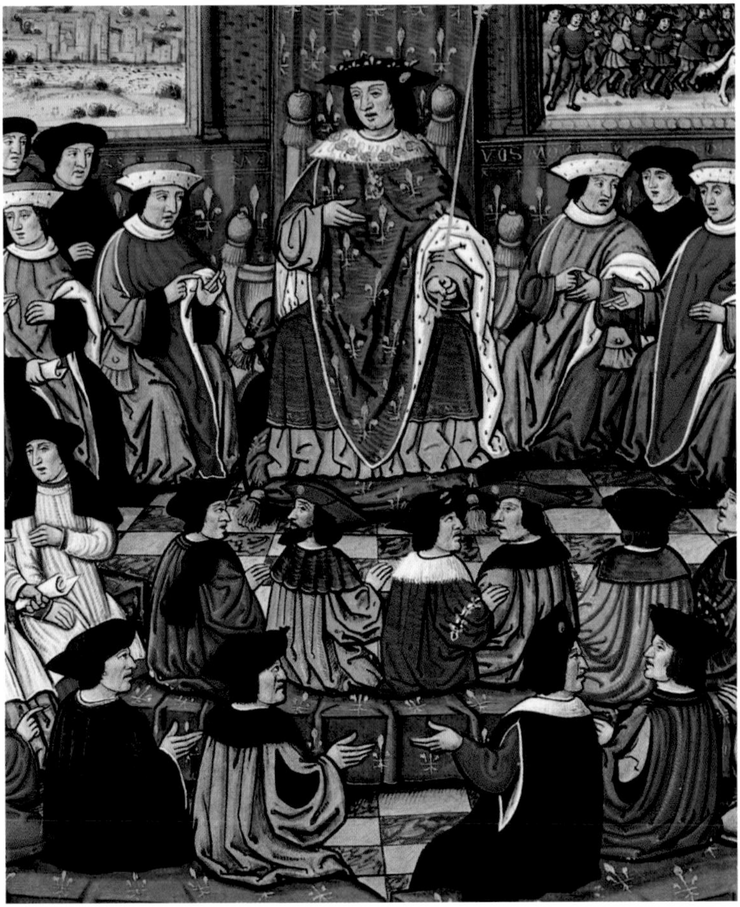

✠ 1468년의 삼부회. 필리프 드 코민 『회상록』 사본, 1523년. (도브레 미술관 소장)

를 누리던 코뮌(자치) 도시는 중앙 집권 정책의 진전 속에서 프레보 (국왕 관리) 도시로 바뀌어갔다.

한편 독일에서는 1356년 카를 4세(재위 1355~1378년)가 금인칙서 를 반포하여 국왕 선거 방식을 규정하고 선제후의 권리를 보장함 으로써, 자율적인 제후국 연합체로서의 국제(國制)가 정착한다. 즉 19세기에 이르기까지 '독일'이라는 국민 국가는 탄생하지 않지만, 각 영방 내에서는 중앙 집권적 지배 체제가 구축되고 있었으며 그 들 각각이 작은 왕국이나 다름없었으므로 다른 유럽 여러 나라와 같은 동향을 나타낸 것이라고도 볼 수 있다.

이처럼 왕후에 의한 중앙 집권화가 진행되자, 전쟁을 하는 권리 는 왕후에게 한정되게 된다. 그들은 당초 용병을 두었으나, 용병 들은 고용되어 있지 않을 때는 약탈을 일삼아 오히려 나라의 치안 을 위협하였기 때문에, 용병 중에 우수한 병사를 뽑아 칙령 부대를 편제하는 예(가령 1445년의 프랑스)도 나타났다. 이것이 상비군의 선 구이며 이로써 일반 기사는 더욱 설 자리를 잃게 된다.

보병과 용병의 대두

중세 후기에 쇠뇌 및 장궁 등의 활용과 전술 진화로 인해, 전쟁 에서 기사의 역할이 저하된 데 대해서는 백년 전쟁을 예로 들어 이 미 살펴본 바와 같다. 여기에서는 '보병'과 '용병'에 초점을 맞추어 기사의 역할 저하에 관해 다시 한 번 생각해보자.

✠ 맞서 싸우는 기사와 보병. '홀컴 성서'(1327~1335년경) 사본에서. (대영 도서관 소장)

기사들 곁에는 늘 보병이 있었다. 애초에 중세의 전쟁이란 기사만으로는 성립하지 않았다. 보병이 중요한 협력자이며, 특히 성이나 도시 공성전·포위전에서는 임기응변에 능한 보병이 주역이었다.

보병은 10세기 시점에는 이미 존재하고 있었으나, 당초에는 빈약한 장비에 검도 지니지 않아 쓸모없는 졸병이라며 업신여겨졌다. 본래 농민 출신인 그들에게는 훈련할 여유도 없었으므로 싸움에 서툰 것은 당연한 일이다. 단궁(短弓)이 그들의 무기였는데, 기사의 갑주에는 전혀 통하지 않았기 때문에 무력했다. 그들이 활약하는 기회는 전초전에서 적의 보병과 싸울 때뿐이었다. 그러다 도시민이 보병으로 고용되는 12세기에는 조금 더 제대로 된 장비를 갖추었고 실력도 오른다. 그래도 아직은 기껏해야 보조군으로서,

✠ 공성 중에 사용하던 투석기. 『프랑스 대연대기』 사본(1325~1350년경). (대영 도서관 소장)

장기전에는 종군할 수 없었다.

하지만 12세기 말에 쇠뇌가 발명되어 기사의 갑주도 꿰뚫을 수 있게 되자 사태는 크게 변화한다. 쇠뇌 부대가 활약한 것은 우선 프랑스 카페 왕조와 잉글랜드 플랜태저넷 왕조의 싸움에서였다.

✠ (왼쪽)보병이 낙마한 기사를 살해하고 있다. 15세기. (대영 도서관 소장)

✠ (오른쪽)프루아사르의 연대기 삽화. 1346년 크레시 전투에서 잉글랜드의 장궁대가 프랑스의 쇠뇌 사수에 맞서고 있다.

보병 집단은 야전에서는 기사에게 간단히 당하고 말았으나, 정교한 작전을 세워 아군 기사에게 보호받으며 몸을 숨긴 채 원거리무기로 상대를 노려 쏘거나 낙마한 기사에게 떼 지어 덤벼들 때는 큰 효과가 있었다. 그리고 보병이 휘두르는 도끼나 철퇴 등 근거리용 무기는 갑주로 몸을 감싼 기사에게도 큰 타격을 주었다.

예를 들어 쿠르트레 전투(1302년)에서는 프랑스 왕이 기사 군단을 파견하여 플랑드르 백작령의 반역을 응징하려 하였으나, 도리어 플랑드르 여러 도시의 시민과 농민들로 이루어진 보병에 패배한다. 프랑스군을 지휘한 아르투아 백작은 세 단계로 나누어 기사단을 투입하지만, 작은 강을 건너던 말이 진흙과 물에 빠져 넘어지거나 함정에 걸려들어 큰 혼란에 휩싸이면서 더 이상 제대로 통솔할 수 없었다. 또한 적군 보병에게 습격당해 큰 타격을 입는다.

스코틀랜드 중부의 배넉번 전투(1314년)에서도 기사단에 의존하던 잉글랜드군은 스코틀랜드의 자유농민으로 구성된 장창 보병대

✖ 브르타뉴 성 공격. 보병이 쇠뇌로 성을 공격하고 있다. 『프랑스 대연대기』 사본에서 (1375~1400년). (리옹 시립 도서관 소장)

에 패하게 된다. 이듬해인 1315년 스위스에서 벌어진 모르가르텐 전투도 마찬가지로, 합스부르크 가의 기사단이 나름대로 단단히 무장하고 결속을 다진 현지 장창 보병군에 당해 패한다.

15세기 들어서 고대 이래 사라졌던 조밀한 응집 보병 진형이 다시 나타난 것에도 주목할 필요가 있다. 이는 진 주변에 창병, 미늘 창병을 배치하고 중심에 쇠뇌병, 포병을 배치한 것으로 스위스인은 이 진형의 명인이라 일컬어졌다. 그리고 프랑스, 바이에른, 특히 부르고뉴군에 뼈아픈 타격을 입혔다(그랑송 전투, 1476년).

보병의 힘이 커지자 그 부대 구성원의 비율도 급증한다. 보병과 기병의 비율은 이전까지 1 대 1 또는 1 대 2였으나, 부르고뉴의 용담공 샤를(재위 1467~1477년) 치세 말에는 9(궁수 3명, 창병 3명, 머스킷 총병 3명) 대 1이 되었다.

또 하나 용병의 증가에도 주목해야 한다. 15세기 프랑스에서는 1448년 샤를 7세(재위 1422~1461년)의 왕령에 따라 지방 공동체에서 모집된 보병이 프랑스 최초의 정규군인 자유 사수가 되는데, 나중에는 태반이 스위스 용병과 독일의 란츠크네히트—스위스 용병을 모델로 1486년 막시밀리안 1세가 편제한 용병 보병—로 채워지게 된다. 이 스위스 용병과 란츠크네히트는 훈련을 쌓은 직업 군인으로서, 일찍이 중세 도시에서 징병되던 보병과는 달랐다.

용병에게는 대금만 지불하면 주인으로서의 의무는 끝이었기 때문에 고용하는 왕후나 도시 입장에서는 뒤탈이 없어 편했고, 용병 또한 보수에 더해 약탈을 자유롭게 할 수 있으면 추가 이익이 컸다. 봉건적 가신의 의무였던 군사적 봉사는 1년에 40일에서 60일간의 무보수 봉사였으며, 그 이상의 종군 또는 먼 지방에 대한 원정의 경우 자원하는 기사에게 보수를 지급하거나 고용 기사를 쓸수밖에 없었으므로, 애초부터 기사와 용병은 무관계가 아니었다. 게다가 실제로 무훈을 세우고자 방랑하는 모험 기사도 약탈을 통한 부수입을 기대했기 때문에 용병과의 차이가 적은 것이 현실이었다.

12세기 경제 발전으로 화폐 유통이 활성화된 점도 있어, 돈으로 고용되는 병사는 우선 잉글랜드, 뒤를 이어 프랑스에서 상당히 늘어난다. 가신의 무상 봉사 기간 이외의 봉사에 돈을 지급하던 것에서 시작되어, 이어서 일당제가 되었고 그 가격은 계속해서 상승했다. 이윽고 처음부터 돈으로 고용되는 전문 용병이 출현하여, 14세기에는 직업 용병대(傭兵隊)로 발전한다. 이탈리아의 각 도시도 점차 시민군보다 용병에 의존하는 경향이 많아졌으며, 그럼으로써 기사의 군사적 역할·가치는 더욱 떨어져갔다.

이리하여 중세 말에는 용병의 행패가 비난받는 가운데서도, 기사 스스로 용병대장이 되어 자신의 군대를 이끌고 각지의 군주나 도시로 고용처를 옮겨가며 싸우지 않고는 살아갈 수 없는 시대가 찾아온다. 그리고 마침내는 보병을 거느리는 것이야말로 귀족=기사에게 있어 명예로운 직책으로 여겨지게 된다. 이를테면 바야르, 블레즈 드 몽뤼크, 가스파르 드 솔 타반 등이 그러한 장군이었다.

도시 당국에 의한 기사 신분 수여

도시에서 거주하는 상인이나 직인들과 달리 기사는 농촌의 성에 산다는 이미지가 항상 들어맞는 것은 아니다. 중세 성기 이후가 되면 기사들은 도시에 등을 돌리기는커녕 파트리치아(도시 귀족)로서 도시에 살며 중직을 맡아 여러 가지 제도를 좌지우지했다. 그들의 존재는 특히 남프랑스와 이탈리아, 스페인의 여러 도시에서 두드러진다.

✠ 시모네 마르티니의 '구이도리초 다 폴리아노'(1328년) 일부. 용병대장 구이도리초의 몬테마시 포위 공격. 그는 시에나 코무네를 위해 일했다. 시에나, 팔라초 푸블리코의 벽화.

예를 들어 남프랑스의 아를은 13세기 초두에 인구가 1만 명을 밑돌았으나, 약 30개가량의 기사 가문이 도시에 존재했다. 즉 인구의 10분의 1 정도가 기사였던 것이다. 이들 기사들의 출신은 다양하여 전통적 귀족으로 카롤링거 왕조 시대부터 내려오는 가계를 자랑하는 자도 있는가 하면, 비교적 최근 신분 상승을 이루어 농촌 영주로부터 올라온 자도 있었다. 아무튼 모두 도시의 경제 발전에 이끌려 도시로 찾아와 잘 적응한 사람들이었다.

한편 이탈리아에서는 12세기 들어, 농촌 영주였던 귀족=기사들이 도시에 살도록 권유받거나 혹은 강요당한다. 즉 그들은 도시에 살면서 농촌을 경영하거나 상업에 관여해야 했으며, 만약 도시에 거주하지 않으면 완전한 시민권을 얻지 못하고 정치적으로도 불

✠ '피렌체 시가지의 팔리오 경주.' 도시 축제의 일환으로 진행되는 경마의 일종. 조반니 디 프란체스코 토스카니의 장식 궤 앞면. 15세기.

리한 입장에 놓이게 되었다.

그러나 13세기가 되면 그러한 도시 귀족의 특권이 의문시되기 시작한다. 그들은 본래 가지고 있던 사법·재정적 특권을 공고히 하여 폐쇄적 특권 그룹이 되고자 했으나, 그에 대해 포폴로(평민) 집단이 정치적으로 대치하며 귀족의 시정 독점을 저지하려 하였다.

흥미롭게도 이러한 대립 과정에서 포폴로도 도시 당국의 요청에 응하여 '기사'로서의 봉사를 시작하게 된다. 근린 도시와의 싸움이 상시화되는 가운데 도시 당국은 12세기 중반에는 이미 시민들을 기사로 서임하기 시작했다. 그리고 이때 부유한 포폴로뿐만 아니라, 가령 직인처럼 평소 아무런 명예도 없이 얕보이던 사람들까지 기사로 서임한다. 도시에서는 축제의 일환으로 광장 등에서 '코무네(자치도시)를 위한 기사'가 서임되었는데 대단한 장관이었다.

✤ 중세 도시의 여러 가지 직업 직인과 장인 및 그 도구. 장인은 간사 집단으로서 조직을 이루고 규약을 정했다. 아리스토텔레스 『정치학』의 15세기 사본에서. (프랑스 국립 도서관 소장)

이를테면 1173년, 제노바의 연대기 작가 카파로는 콘술(최고 행정관)들은 수고와 비용을 아끼지 않고 제노바 시 안팎의 100명 이상을 기사로 서임했다고 적고 있다. 또한 1211년에 역시 제노바는 리미니의 영주 말라테스타에 대항하기 위해 200명의 기사를 새로 만들었다고 한다. 그리고 피렌체의 연대기 작가 빌라니는 1285년에 피렌체에서 300명이 서임되었음을 전하고 있다. 롬바르디아 지방의 여러 도시도 마찬가지다. 1378년 피렌체에서 반란을 일으킨 춈피(피렌체 모직물 공업에 있어 직물 제조 직영 작업장에서 일하는 소모공[梳毛工]의 멸칭)조차 역설적 정치 의식으로서의 기사 서임을 받으면서 '빈민 기사'가 탄생하게 된다.

✖ 브누아 드 생트 모르는 용사 이아손의 콜키스 원정(탐험)에 관하여 이야기하는데, 그는 왕녀 메데이아에 대한 주인공의 태도를 책망하고 있다. 섬에 찾아온 이국인의 아름다움에 매료되어, 마법에 능한 왕녀 메데이아는 그에게 몸을 맡긴 채 아버지와 조국을 배신하고 오리엔트의 터무니없는 부를 상징하는 것=황금양모를 얻게 해준다. 시인은 메데이아에게 과실과 책임이 없음을 강조하면서, 이아손이 결국 지키지 않을 계약을 맺은 것을 비난하고, 나아가 그리스인들의 불성실함도 나무란다. 장 만셀 『역사의 꽃』 '이아손의 시련'에서. (브뤼셀 왕립 도서관 소장)

세속 기사단의 잇따른 출현

12~13세기의 기사와 기사도 황금기를 지나 중세 후기가 되자, 그들은 실전에서 그다지 쓸모가 없어지고 기사라는 생활 방식도 종종 야유의 대상이 되었음은 앞 장에서 확인한 바 있다. 하지만 그때 귀족들 일부는 하위 신분 사람들을 범접시키지 않는 폐쇄된 엘리트적 기사 집단을 형성하려 힘쓰게 된다. 그래서 탄생한 것이 왕후가 설립한 '세속 기사단'이다. 템플 기사단이나 성 요한 기사단이 종교 세계의 일원으로서 청빈·복종·정결의 금욕적 규율을 서약하고 교회 당국의 재치권에 따랐던 데 반하여, 이렇게 성립한 세속 기사단은 미덕, 혈통, 종교적 경건함에 있어 엘리트가 되고자 노력하며 속세에서 활약하기를 목표하고 세속 당국의 재치권에 따랐다는 큰 차이가 있다.

세속 기사단은 일명 '훈작 기사단'이라고 하는데, 놀랍게도 실제 전투 경험이 전혀 없는 기사단도 많았으며 화려한 의복을 걸치고 낭비적 의식을 거행하는 데 시간을 보냈다. 물론 그 단원은 기사 신분을 가지고 왕의 군대 가운데서 특정한 의례적 역할을 수행하기는 하였다. 그 대부분이 기사도 문학의 영향을 받은 단원으로서, 아서 왕의 원탁의 기사를 자처하곤 했다.

먼저 1330년대에 프랑스 남동부 도피네에 성 카트린 기사단이 만들어진다. 단원은 기사단 규칙에 따르며 항상 서로 돕고, 또한 도피네 영주의 최대 이익을 염두에 두어야만 했다. 스페인에서는 1332년 카스티야의 특수한 정치 상황 속에서 '새시 기사단'이 탄생

✱ 기욤 드 필라스트르 『황금양모의 역사』 제2권 : '야곱의 양털'의 첫 번째 사본 삽화. 이
　것은 용담공 샤를이 주최하는 황금양모 기사단의 참사회 집회를 묘사하고 있는데, 테
　이블 주위로 고관 4명이 자리하고 있다. (브뤼셀 왕립 도서관 소장)

한다. 알폰소 11세(재위 1312~1350년)가 자신에 대한 강한 충성심으로 사사로이 묶여 궁정에 상주할 충성스러운 정에 부대로서 만든 기사단이었다. 그리고 왕이 그들의 외투 위에 '장식띠'(새시)를 두르도록 명령한 데서 그 이름이 유래한다. 외투는 흰색, 새시는 심홍색이었다. 손바닥 너비 정도의 새시는 눈에 띄도록 왼쪽 어깨에서 허리까지 대각선으로 걸쳤다. 다만 이 두 기사단은 그리 오래가지 못한 탓에 자세한 사항은 알 수 없다.

보다 정확한 정보가 남아 있는 최초의 기사단은 잉글랜드 왕 에드워드 3세(재위 1327~1377년)가 14세기 중반(1348년 4월 23일)에 창설한 가터 기사단이다. 이는 기사 이야기에 푹 빠져 있던 에드워드의 꿈의 산물이었다. 가터란 양말대님을 말하는데, 기사단의 그러한 명칭은 다음과 같은 사건에서 유래한다. 절세의 미녀 켄트의 조안(1328~1385년)이 칼레에서 열린 전투 축하 무도회 때, 모두가 보고 있는 앞에서 그만 양말대님을 바닥에 떨어뜨린다. 이것은 속옷 같은 것이었기 때문에 회장의 기사·귀부인들은 일순 조용해졌다. 그러자 재치 있는 왕 에드워드 3세가 다가가더니 그것을 주워 자기 무릎에 맸다. 기이한 행동이었으나 사람들의 주목이 조안에게서 왕으로 옮겨가 조안은 창피를 면했으며, 왕도 기사도 정신에 준한 그 행동을 칭송받았다.

창설 멤버는 왕과 24명의 제후·기사들이었고 그 인원수는 고정되었다. 또한 단원 자격은 종신이다. 이와 관련해 왕은 12명의 성직자가 상주하는 예배당을 기부하여 구빈원을 설립하고, 그것을 가터 기사단 단원이 운영하게 하였다. 만족스럽게 생계를 유지하지 못하는 가난한 기사들이 주로 봉사하며 도움을 받아 생계를 꾸려갈 수 있도록 조처한 것이다. 이 기사단 단원은 모두 짙은 감색 가터 문양을 늘어뜨린 검붉은색 외투를 입고 오른 다리에도 마찬가지 가터 문양을 매달며, 성 조지 문장 방패가 그려진 망토를 걸쳤다. 그들 전원은 매년 성 조지 축일에 개최되는 축연에 집합할 의무가 있었다. 그들은 물론 자선 활동과 연회에만 참가한 것이 아니라 전쟁이 벌어지면 실전에서 싸웠다.

가터 기사단에 자극받아, 프랑스에서도 1352년경 장 2세(재위 1350~1364년)가 성장(星章) 기사단을 만들자 500명이 가담한다. '별들은 왕의 길을 비춘다'가 신조였다. 이것은 일종의 근위병 같은 제도가 되었다. 전장에서는 절대 퇴각하지 않는다는 등 비현실적인 서약을 시켜, 1353년 브르타뉴에서 잉글랜드군의 매복에 당했을 때 반수 이상이 전사했다고도 전해진다.

부르고뉴의 선량공 필리프(재위 1419~1467년)가 만든 것이 황금양모 기사단이다. 이것은 이자벨 드 포르투갈과의 결혼 기념으로 가터 기사단에 대항하여 만든 기사단으로서, 가장 장난 섞인 기사단이었다. 정원은 처음 25명이었으나 나중에 50명이 된다. 황금양모는 그리스 신화의 이아손이 이끄는 아르고 탐험대가 땅끝에 있다는 황금양모를 찾아 탐색 여행에 나선 고사에 기원을 두고 있다. 기사단원은 소집되면 모두 같은 옷을 입고 회의에 참가한다. 기사단의 임무는 의식을 감동적으로 거행하는 것으로서, 복잡하고 호화로운 의식을 실시했다. 그들은 선량공 필리프에게 개인적 충성을 맹세하는 특권을 가진 궁정인·고문이기도 하여, 1년에 한 번 집합해서 공작에게 조언하였다.

14세기 후반 이후 그 밖에도 많은 군주가 자신의 뜻대로 활동하는 기사단을 갖게 되면서 세속 기사단은 더욱더 증가한다. 이름만 열거하자면 나폴리의 루이(타란토의 루이지)가 만든 매듭 기사단(1352년), 황제 카를 4세의 황금걸쇠 기사단(1355년), 키프로스 왕이 창설한 도검 기사단(1359년), 사부아 백작이 창설한 코랄 기사단(1363년), 잉글랜드의 헨리 4세(재위 1399~1413년)가 창설한 바스 기사단(1399년), 황제 지기스문트(재위 1410~1437년)의 드래곤 기사단(1408년), 브란덴부르크 공작 알베르트 아힐레스가 만든 백조 기사단(1444년), 앙주 백작 르네가 창설한 초승달 기사단(1448년), 프랑스 왕 루이 11세(재위 1461~1483년)가 창설한 성 미카엘 기사단(1469년) 등이 있으며 이외에도 무수히 많다.

대궁정과 밀접하게 연결된 기사단은 종종 기사의 그리스도교적 의무를 강조하며 집회 전에 화려한 종교 의식을 치렀다. 나아가서는 대부분이 시대착오적이면서도 십자군에 대한 열정을 가지고, 언젠가는 에루살렘을 되찾겠다는 마음을 먹고 있었다. 또한 규모가 큰 궁정 기사단은 일상의 종교적 의무에도 중점을 두고 미사와 시편 낭송 등의 규칙을 꼼꼼히 규정하였다.

이 같은 세속 기사단의 단원은 어떤 의미로 국가의 종이었다. 왜냐하면 중세 말, 명예의 원천으로서 군주의 중요성이 높아지자 왕에게 가까울수록 기사의 명예도 더해지게 되었기 때문이다. 본래 기사란 '평등'한 존재로, 아랫사람(소귀족)과 윗사람(대귀족)이 각각 군사 행위 및 기사도 정신에 있어 평등한 입장에 설 수 있도록 한데 뭉쳐 있었으나, 기사의 전성기가 지나 중세 말이 되면서 다시 계층 분화와 서열화가 일어난 것이다.

은상으로서의 기사 칭호

세속 기사단은 중세 말의 한때 화려하게 빛을 발했지만, 후원자인 왕후의 권위가 사라지면 존재 기반을 상실하게 될 터였다. 그러나 근대에 이르러 혁명에 의해 왕권이 타도되고 영주권을 비롯한 귀족의 신분 특권이 폐지되었음에도 불구하고, 여러 나라에 귀족 칭호로서의 작위가 남았으며 또한 부르주아들도 재력을 이용하여 작위를 손에 넣음으로써 작위 귀족이 되었다.

또 하나 근대 이후 국가의 공로자에게 훈장을 수여하는 훈장 시스템이 나타난 점이 주목할 만하다. 이 훈장은 군주, 혹은 군주가 없는 나라에서는 국가 원수가 수여했다. 이러한 훈장을 받는 동시에 기사 단체에 가맹하게 된다는 식으로, 중세 '기사단'의 전통을 계승하고 있는 경우도 많다.

영국에는 기사 작위(명예 기사 호칭)가 남작, 준남작 뒤를 잇는 작위로서 존재하며, 해당 작위 소유자를 일컬을 때는 '서' 존칭을 붙이게 된다. 이는 뛰어난 장군(군사령관)이나 여러 분야에서 큰 공적

✠ 레지옹 도뇌르 훈장. 그랑도피시에(대장군) 및 여타 칭호를 가진 카스텍스 장군.

을 세운 국민, 그리고 외국인에 대한 최고의 명예로서 국왕이 수여한다. 영국 사회에는 귀족성에 대한 동경이 아직 강하여, 작위를 가진 사람에게 경의를 표하는 풍조가 짙게 남아 있다.

　프랑스에서 가장 권위 있고 유명한 것은 레지옹 도뇌르 훈장(명예 군단 국가 훈장)으로, 1802년 나폴레옹 1세가 제정한 영전(榮典) 제도이다. 이 훈장은 현재도 최고 훈장으로서 유명하다. 수상 대상은 프랑스에 대한 두드러진 공적을 인정받은 군인 또는 시민이며, 수상자는 '오르드르' 즉 일종의 '기사단'에 입회하게 되는데, 그 증표로 기사단의 휘장을 수여받아 그것을 착용할 수 있다.

　작위는 위에서부터 순서대로 그랑크루아(대십자), 그랑도피시에(대장군), 코망되르(사령관), 오피시에(장교), 슈발리에(기사)의 다섯 계급으로 나누어져 있는데, 수훈자 수는 오늘날에는 11만 명 이상에 달한다고 한다. 수훈자는 반수를 차지하는 군대 관계자 외에 정치가, 사법관, 외교관, 스포츠 선수, 경찰·소방 관계자, 공무원, 종교인 등이며 그 밖에 도시나 조직(교육 기관, 기업 등)에도 수여되는 점이 특징적이다. 그리고 외국인 서훈자도 있다.

또 한 가지 문화·예술 분야에서 걸출한 업적을 남겨 프랑스뿐 아니라 세계에 공적이 있는 인물에게 수여되는 훈장이 '문예 공로 훈장'으로, 1957년에 제정되었다. 관할은 프랑스 문화부이다. 문예 공로 훈장에는 세 계급이 있는데, 위에서부터 코망되르(기사단장), 오피시에(장교), 슈발리에(기사)이다.

지금까지 살펴본 것은 국가에 의해 주어지는 공적 훈장이지만, 최근에는 민간 훈장도 존재한다. 이를테면 식문화의 향상과 보급, 품질 유지를 위해 일하는 단체가 관할하는 훈장이 그 예이며, 유럽에서는 특히 와인과 치즈 등 주요 생산품에 관하여 제정되어 있다. 프랑스와 독일 등에서는 '와인 기사', 벨기에에서는 '벨기에 맥주 기사'가 잘 알려져 있고, 또한 프랑스에는 '치즈 감평 기사'도 있다.

이탈리아에 관해서도 소개해두자. 이탈리아에도 프랑스와 마찬가지로 국가에 공헌한 사람을 표창하는 공로 훈장, 즉 이탈리아 공화국 공로 훈장이 있다. 이것은 1951년에 제정된 최고 훈장으로서, 공화국 수립에 맞추어 본래 있던 3종의 국가적 기사단=훈장을 폐지하고 새롭게 제정한 것이다.

이 이탈리아 공화국 공로 훈장='기사단'은 여섯 등급으로 구성되며, 그 장(長)인 공화국 대통령이 대의원 의장의 추천에 근거하여 수여하는데, 문학, 예술, 경제, 공공 봉사, 사회, 자선, 인도적 활동 분야에서 뛰어난 업적을 남긴 사람과 문민·군인 업무에서 지속적으로 두드러진 활동을 한 사람 등 여러 가지 분야에 공적이 있는 개인에게 주어진다. 이탈리아인뿐만 아니라 외국인에게도 매우 적극적으로 수여하고 있다.

이탈리아에는 전쟁에서 숙련, 책임감, 용기를 나타내며 활약한 군인을 표창하거나 농업, 상업, 공업에서 걸출한 업적을 남긴 사람들을 기리는 '기사단'이 있으며, 그중에서도 외국인 전용이라 할 만한 '기사단'으로서 1947년에 제정되어 제2차 세계대전 후 이탈리아 재건·발전에 뛰어난 공적을 쌓은 사람에게 수여한 '이탈리아 연대의 별' 훈장이 특징적이다.

맺음말

　지금까지 여덟 장에 걸쳐 서양의 중세 기사란 무엇인지 생각해
보았다. 기사라고 한마디로 말해도 시대에 따라 그 신분에 포함되
는 사람들의 내역이 크게 달라졌으며, 그와 함께 군사적 역할은 물
론 사회적 지위와 특권, 국가 및 그리스도 교회와의 관계, 단체(기
사단)로서의 모습도 현저히 달라졌음을 이해했을 것이다.

　그처럼 변화무쌍한 존재이면서 그들은 11~13세기를 중심으로
일관되게 정치와 사회의 방향성을 제시하던 중세 세속 세계의 엘
리트였다. 유명한 3신분론 '기도하는 자, 싸우는 자, 일하는 자' 가
운데 '싸우는 자'인 그들은 '기도하는 자'=성직자와 함께, 신에 의해
규정된 바람직한 세계 질서의 수호자로서 '일하는 자'=농민을 수
탈하며 살았던 것이다.

　그러나 중세 성기 이후 도시가 발전하고 상인·직인 계급이 대두
하자 '일하는 자'는 더 이상 농민과 동일시되지 않는다. 그리고 거
기에는 보다 많은 업종이 포함된다. 그뿐만 아니라 화폐의 힘이
고정적 신분 간의 장벽을 무너뜨리면서 신분·계급의 유동성이 활
발해져, 신이 규정한 세계 질서조차 영원한 상 아래에서 조망할 수
없어진다. 따라서 '싸우는 자'와 '일하는 자'의 관계도 이전과는 달
라지게 된다.

이러한 현실의 변화에도 불구하고 기사도, 기사의 이데올로기는 보다 안정적이었다. 중세 말에 기사도 패러디가 등장하고 기사가 야유받는 일도 드물지 않게 되었다지만, 이상적인 기사의 모습은 그때에도 결코 매력을 잃지 않았고, 그것은 기사가 현실 사회에서 역할을 끝낸 훗날까지도 계속해서 효력을 발휘하였다. 굳이 말하자면 중세 기사들이 남긴 최대의 유산은 기사도이며, 또한 그것이 서양 문명의 중요한 구성 요소가 되었다고 할 수 있겠다.

기사도, 즉 기사의 이상은 12세기 이래 여러 가지 요소를 받아들여가면서 풍부해지고 심오해졌으며, 게다가 기사 이외의 사람들에게까지 공유된다. 다시 말해 서양 문명의 일부, 유럽인의 가치 기반이 되어 중세에서 근대, 현대에 이르기까지 살아남은 것이다. '연애는 12세기의 발명품'이라고 하지만 기사도도 12세기의 발명품으로서, 거기에는 게르만적 동료 단체와 봉건적 주종 관계, 그리스도 교회의 도덕과 트루바두르와 궁정풍 로망 작가가 다듬어낸 궁정풍 우아함 등이 번갈아 영향을 미치고 있었다.

경건, 겸양, 용기, 예절, 명예 등의 미덕은 유럽인, 특히 남자들이 구도해야 할 요소로서 지금도 존중받고 있으며, 예의 작법이 되어 아이들에게도 가르친다. 또한 그리스도교와의 끊을 수 없는 관계, 여성의 보호와 숭배, 그리고 때로는 신비한 환상에 잠긴 이미지, 이것들은 완전히 서양 기사도만의 독자적 요소로, 일본의 '무사도(武士道)'라든가 '사무라이(侍)'의 이상과 비슷해 보이지만 서로 다르다.

다만 이러한 독자성은 서양 문명의 어떤 일면을 굳게 지탱하고 있는데, 그것은 긍정적으로 작용하는 경우도 많지만 가끔 부정적인 작용을 하기도 한다. 그리스도교의 전사인 기사는 이교도를 배격하고자 망설임 없이 전진하나, 그것은 오늘날의 세계정세에서는 허용될 수 없는 태도이다. 또한 기사도의 여성 보호와 숭배는 여성 차별과 표리 관계에 있음도 간과해서는 안 된다.

그래도 어쨌든 기사와 기사도를 더욱 깊이 탐구할수록 서양에 대한 이해가 깊어지는 것은 확실하다.

단, 대중적으로 알려진 중세의 이미지를 생각할 때, 현재 '기사'는 돌출되어 전면에 나와 있는 경향이 있다. 그것은 중세의 다른 중요한 측면을 잊게 할 정도이다. 항상 새롭게 재가공되어 각각의 시대에 나타나는, 멀고도 가까운 힘이 중세에는 있다고 생각하지만, 그때마다 누차 당시의 문맥에서 벗어난 상징이 의식적으로 부각되어 선전에 사용된다. 그리고 그 상징 가운데 가장 두드러진 것이 바로 기사로서, 그들을 주인공으로 하는 모험 이야기가 현대 대중 문학, 만화, 영화, TV, 나아가서는 게임의 세계에서 상당한 인기를 모으고 있음은 말할 것도 없다.

환상적인 검극, 마법, 모험의 세계, 성과 그곳에 모이는 기사와 공주님, 또한 모험 도중 숲이나 호수에서 만나는 요정과 난쟁이, 이러한 이미지는 아이부터 어른에게까지 친숙한 것이 되었다. 근대 생활 속의 욕구 불만에서 벗어나 소망을 투영하는 또 하나의 세계로서 중세 기사의 세계는 거기에 있다.

프랑스 혁명으로 중세의 정치, 사회, 경제 구조에 대한 사망 선고가 나왔을 텐데도, 주로 기사도 문학에서 유래한 행동 규범으로 이루어진 18세기·19세기의 낭만주의적 중세상은 죽지 않았다. 가공할 만한 기사의 신화. 그 불사조 같은 생명력의 비밀은 어디에 있는 것일까.

이케가미 슌이치

참고문헌

· Aurell, M., "La chevalerie urbaine en Occitanie (fin X⁰-début XIIIe siècle)", in Les *Élites urbaines au Moyen Âge*, Paris-Rome, 1997, pp. 71-118.
· Barber, R. & Barker, J., Tournaments: *Jousts, Chivalry and Pageants in the Middle Ages*, Woodbridge, 1989.
· *Le Cheval dans le monde médiéval*, Aix-en-Provence, 1992.
· Church, S. & Harvey, R. (eds.), *Medieval Knighthood, V: Papers from the Sixth Strawberry Hill Conference* 1994, Woodbridge, 1995.
· Clark, J. ed., *The Medieval Horse and Its Equipment, c.1150-c.1450*, London, 1995.
· Davis, R.H.C., *The Medieval Warhorse: Origin, Development and Redevelopment*, London, 1989.
· Demurger, A., *Moines et guerriers: Les ordres religieux-militaires au Moyen Âge*, Paris, 2010.
· Duby, G., *La société chevaleresque*, Paris, 1988.
· Flori, J., *Chevaliers et chevalerie au Moyen Âge*, Paris, 2008.
· Gasparri, S., *I milites cittadini: Studi sulla cavalleria in Italia*, Roma, 1992.
· Geoffroi de Charny, *A Knight's Own Book of Chivalry*, transl. by E. Kennedy, Philadelphia (PA), 2005.
· Keen, M., *Chivalry*, New Haven, 1984.
· Maire Vigueur, J.-C., *Cavaliers et citoyens: Guerre, conflits et sociétédans l'Italie communale XIIᵉ-XIIIᵉ siècles*, Paris, 2003.
· Prévot, B. & Ribémont, B., *Le Cheval en France au Moyen Âge*, Orléans, 1994.
· Stella, A., *La Révolte des Ciompi*, Paris, 1993.

- 이케가미 슌이치(池上俊一)『의례와 상징의 중세(儀礼と象徴の中世)』(유럽의 중세 8)
  이와나미쇼텐(岩波書店), 2008년.
- 스다 다케오(須田武郎)『기사단(騎士団)―Truth In Fantasy 78』신키겐샤(新紀元社),
  2007년.
- 하시구치 도모스케(橋口倫介)『기사단(騎士団)』곤도(近藤)출판사, 1971년.
- 리처드 바버(다구치 다카오[田口孝夫] 감역)『도해 기사도 이야기―모험과 로맨스의
  시대(図説 騎士道物語―冒険とロマンスの時代)』하라쇼보(原書房), 1996년.
- J. M. 팬 윈터(사토 마키오[佐藤牧夫] · 와타나베 하루오[渡部治雄] 역)『기사―그 이상과
  현실(騎士―その理想と現実)』도쿄서적(東京書籍), 1982년.
- 요아힘 붐케(히라오 고조[平尾浩三] 외 역)『중세의 기사 문화(中世の騎士文化)』
  하쿠스이샤(白水社), 1995년.
- 토머스 불핀치(노가미 야에코[野上弥生子] 역)『중세 기사 이야기 개정판(中世騎士物語 改版)』
  이와나미문고(岩波文庫), 1980년.
- 시드니 페인터(우지이에 데쓰오[氏家哲夫] 역)『프랑스 기사도―중세 프랑스의 기사도
  이념 관행(フランス騎士道―中世フランスにおける騎士道理念の慣行)』쇼하쿠샤(松柏社),
  2001년.
- 매튜 베넷 외(아사노 아키라[浅野明] 감수 · 노게 쇼코[野下祥子] 역)『전투 기술의 역사 2 : 중세
  편(戦闘技術の歴史 2：中世編 AD500-AD1500)』소겐샤(創元社), 2009년.
- 안드레아 홉킨스(마쓰다 스구루[松田英], 쓰루 히사오[都留久夫], 야마구치 에리코[山口恵里子] 역)
  『도해 서양 기사도 대전(図説 西洋騎士道大全)』도요쇼린(東洋書林), 2005년.
- 와타나베 세쓰오(渡辺節夫)「유럽 중세 사회와 기사―프랑스를
  중심으로(ヨーロッパ中世社会と騎士―フランスを中心として)」『역사와 지리(歴史と地理)』
  631 [세계사 연구 222] (2010년 2월), 1~15쪽.

창작을 꿈꾸는 이들을 위한 안내서
AK 트리비아 시리즈

-AK TRIVIA BOOK-

No. 01 도해 근접무기

오나미 아츠시 지음 | 이창협 옮김 | 228쪽 | 13,000원

근접무기, 서브 컬처적 지식을 고찰하다!

검, 도끼, 창, 곤봉, 활 등 현대적인 무기가 등장하기 전에 사용되던 냉병기에 대한 개설서. 각 무기의 형상과 기능, 유형부터 사용 방법은 물론 서브컬처의 세계에서 어떤 모습으로 그려지는가에 대해서도 상세히 해설하고 있다.

No. 02 도해 크툴루 신화

모리세 료 지음 | AK커뮤니케이션즈 편집부 옮김 | 240쪽 | 13,000원

우주적 공포, 현대의 신화를 파헤치다!

현대 환상 문학의 거장 H.P 러브크래프트의 손에 의해 창조된 암흑 신화인 크툴루 신화. 111가지의 키워드를 선정, 각종 도해와 일러스트를 통해 크툴루 신화의 과거와 현재를 해설한다.

No. 03 도해 메이드

이케가미 료타 지음 | 코트랜스 인터내셔널 옮김 | 238쪽 | 13,000원

메이드의 모든 것을 이 한 권에!

메이드에 대한 궁금증을 확실하게 해결해주는 책. 영국, 특히 빅토리아 시대의 사회를 중심으로, 실존했던 메이드의 삶을 보여주는 가이드북.

No. 04 도해 연금술

쿠사노 타쿠미 지음 | 코트랜스 인터내셔널 옮김 | 220쪽 | 13,000원

기적의 학문, 연금술을 짚어보다!

연금술사들의 발자취를 따라 연금술에 대해 자세하게 알아보는 책. 연금술에 대한 풍부한 지식을 쉽고 간결하게 정리하여, 체계적으로 해설하며, '진리'를 위해 모든 것을 바친 이들의 기록이 담겨있다.

No. 05 도해 핸드웨폰

오나미 아츠시 지음 | 이창협 옮김 | 228쪽 | 13,000원

모든 개인화기를 총망라!

권총, 소총, 기관총, 어설트 라이플, 샷건, 머신건 등, 개인 화기를 지칭하는 다양한 명칭들은 대체 무엇을 기준으로 하며 어떻게 붙여진 것일까? 개인 화기의 모든 것을 기초부터 해설한다.

No. 06 도해 전국무장

이케가미 료타 지음 | 이재경 옮김 | 256쪽 | 13,000원

전국시대를 더욱 재미있게 즐겨보자!

소설이나 만화, 게임 등을 통해 많이 접할 수 있는 일본 전국시대에 대한 입문서. 무장들의 활약상, 전국시대의 일상과 생활까지 상세히 서술, 전국시대에 쉽게 접근할 수 있도록 구성했다.

No. 07 도해 전투기

가와노 요시유키 지음 | 문우성 옮김 | 264쪽 | 13,000원

빠르고 강력한 병기, 전투기의 모든 것!

현대전의 정점인 전투기. 역사와 로망 속의 전투기에서 최신예 스텔스 전투기에 이르기까지, 인류의 전쟁사를 바꾸어놓은 전투기에 대하여 상세히 소개한다.

No. 08 도해 특수경찰

모리 모토사다 지음 | 이재경 옮김 | 220쪽 | 13,000원

실제 SWAT 교관 출신의 저자가 특수경찰의 모든 것을 소개!

특수경찰의 훈련부터 범죄 대처법, 최첨단 수사 시스템, 기밀 작전의 아슬아슬한 부분까지 특수경찰을 저자의 풍부한 지식으로 폭넓게 소개한다.

No. 09 도해 전차

오나미 아츠시 지음 | 문우성 옮김 | 232쪽 | 13,000원

지상전의 왕자, 전차의 모든 것!

지상전의 지배자이자 절대 강자 전차를 소개한다. 전차의 힘과 이를 이용한 다양한 전술, 그리고 그 독특한 모습까지 알기 쉬운 해설과 상세한 일러스트로 전차의 매력을 전달한다.

No. 10 도해 헤비암즈

오나미 아츠시 지음 | 이재경 옮김 | 232쪽 | 13,000원

전장을 압도하는 강력한 화기, 총집합!

전장의 주역 보병들의 든든한 버팀목인 강력한 화기를 소개한 책 대구경 기관총부터 유탄 발사기, 무반동총, 대전차 로켓 등, 압도적인 화력으로 전장을 지배하는 화기에 대하여 알아보자!

No. 11 도해 밀리터리 아이템

오나미 아츠시 지음 | 이재경 옮김 | 236쪽 | 13,000원

군대에서 쓰이는 군장 용품을 완벽 해설!

이제 밀리터리 세계에 발을 들이는 입문자들을 위해 '군장 용품'에 대해 최대한 알기 쉽게 다루는 책. 세부적인 사항에 얽매이지 않고, 상식적으로 갖추어야 할 기초지식을 중심으로 구성되어 있다.

No. 12 도해 악마학

쿠사노 타쿠미 지음 | 김문광 옮김 | 240쪽 | 13,000원

악마에 대한 모든 것을 담은 총집서!

악마학의 시작부터 현재까지의 그 연구 및 발전 과정을 한눈에 알아볼 수 있도록 구성한 책. 단순한 흥미를 뛰어넘어 영적이고 종교적인 지식의 깊이까지 더할 수 있는 내용으로 구성.

No. 13 도해 북유럽 신화

이케가미 료타 지음 | 김문광 옮김 | 228쪽 | 13,000원

세계의 탄생부터 라그나로크까지!

북유럽 신화의 세계관, 등장인물, 여러 신과 영웅들이 사용한 도구 및 마법에 대한 설명까지 당시 북유럽 국가들의 생활상을 통해 북유럽 신화에 대한 이해도를 높일 수 있도록 심층적으로 해설한다.

No. 14 도해 군함

다카하라 나루미 외 1인 지음 | 문우성 옮김 | 224쪽 | 13,000원

20세기의 전함부터 항모, 전략 원잠까지!

군함에 대한 입문서. 종류와 개발사, 구조, 제원 등의 기본부터, 승무원의 일상, 정비 비용까지 어렵게 여겨질 만한 요소를 도표와 일러스트로 쉽게 해설한다.

No. 15 도해 제3제국

모리세 료 외 1인 지음 | 문우성 옮김 | 252쪽 | 13,000원

나치스 독일 제3제국의 역사를 파헤친다!

아돌프 히틀러 통치하의 독일 제3제국에 대한 개론서로 나치스가 권력을 장악한 과정부터 조직 구조, 조직을 이끈 핵심 인물과 상호 관계와 갈등, 대립 등, 제3제국의 역사에 대해 해설한다.

No. 16 도해 근대마술

하니 레이 지음 | AK커뮤니케이션즈 편집부 옮김 | 244쪽 | 13,000원

현대 마술의 개념과 원리를 철저 해부!

마술의 종류와 개념, 이름을 남긴 마술사와 마술 단체, 마술에 쓰이는 도구 등을 설명한다. 겉핥기식의 설명이 아닌, 역사와 각종 매체 속에서 마술이 어떤 영향을 주었는지 심층적으로 해설하고 있다.

No. 17 도해 우주선

모리세 료 외 1인 지음 | 이재경 옮김 | 240쪽 | 13,000원

우주를 꿈꾸는 사람들을 위한 추천서!

우주공간의 과학적인 설명은 물론, 우주선의 태동에서 발전의 역사, 재질, 발사와 비행의 원리 등, 어떤 원리로 날아다니고 착륙할 수 있는지, 자세한 도표와 일러스트를 통해 해설한다.

No. 18 도해 고대병기

미즈노 히로키 지음 | 이재경 옮김 | 224쪽 | 13,000원

역사 속의 고대병기, 집중 조명!

지혜와 과학의 결정체, 병기, 그중에서도 고대의 병기를 집중적으로 조명. 단순한 병기의 나열이 아닌, 각 병기의 탄생 배경과 활약상, 계보, 작동 원리 등을 상세하게 다루고 있다.

No. 19 도해 UFO

사쿠라이 신타로 지음 | 서형주 옮김 | 224쪽 | 13,000원

UFO에 관한 모든 지식과, 그 허와 실.

첫 번째 공식 UFO 목격 사건부터 현재까지, 세계를 떠들썩하게 만든 모든 UFO 사건을 다룬다. 수많은 미스터리는 물론, 종류, 비행 패턴 등 UFO에 관한 모든 지식들을 알기 쉽게 정리했다.

No. 20 도해 식문화의 역사

다카하라 나루미 지음 | 채다인 옮김 | 244쪽 | 13,000원

유럽 식문화의 변천사를 조명한다!

중세 유럽을 중심으로, 음식문화의 변화를 설명한다. 최초의 조리 역사부터 식재료, 예절, 지역별 선호메뉴까지, 시대상황과 분위기, 사람들의 인식이 어떠한 영향을 끼쳤는지 흥미로운 사실을 다룬다.

No. 21 도해 문장

신노 케이 지음 | 기미정 옮김 | 224쪽 | 13,000원

역사와 문화의 시대적 상징물, 문장!

기나긴 역사 속에서 문장이 어떻게 만들어졌고, 어떤 도안들이 이용되었는지, 발전 과정과 유럽 역사 속 위인들의 문장이나 특징적인 문장의 인물에 대해 설명한다.

No. 22 도해 게임이론

와타나베 타카히로 지음 | 기미정 옮김 | 232쪽
13,000원

이론과 실용 지식을 동시에!

죄수의 딜레마, 도덕적 해이, 제로섬 게임 등 다양한 사례 분석과 알기 쉬운 해설을 통해, 누구나 쉽고 직관적으로 게임이론을 이해하고 현실에 적용할 수 있도록 도와주는 최고의 입문서.

No. 23 도해 단위의 사전

호시다 타다히코 지음 | 문수성 옮김 | 208쪽 | 13,000원

세계를 바라보고, 규정하는 기준이 되는 단위를 풀어보자!

전 세계에서 사용되는 108개 단위의 역사와 사용 방법 등을 해설하는 본격 단위 사전. 정의와 기준, 유래, 측정 대상 등을 명쾌하게 해설한다.

No. 24 도해 켈트 신화

이케가미 료타 지음 | 곽형준 옮김 | 264쪽 | 13,000원

쿠 훌린과 핀 막 쿨의 세계!

켈트 신화의 세계관, 각 설화와 전설의 주요 등장인물들! 이야기에 따라 내용뿐만 아니라 등장인물까지 뒤바뀌는 경우도 있는데, 그런 특별한 사항까지 다루어, 신화의 읽는 재미를 더한다.

No. 25 도해 항공모함

노가미 아키토 외 1인 지음 | 오광웅 옮김 | 240쪽 |
13,000원

군사기술의 결정체, 항공모함 철저 해부!

군사력의 상징이던 거대 전함을 과거의 유물로 전락시킨 항공모함. 각 국가별 발달의 역사와 임무, 영향력에 대한 광범위한 자료를 한눈에 파악할 수 있다.

No. 26 도해 위스키

츠치야 마모루 지음 | 기미정 옮김 | 192쪽 | 13,000원

위스키, 이제는 제대로 알고 마시자!

다양한 음용법과 글라스의 차이, 바 또는 집에서 분위기 있게 마실 수 있는 방법까지. 위스키의 맛을 한층 돋아주는 필수 지식이 가득! 세계적인 위스키 평론가가 전하는 입문서의 결정판.

No. 27 도해 특수부대

오나미 아츠시 지음 | 오광웅 옮김 | 232쪽 | 13,000원

불가능이란 없다! 전장의 스페셜리스트!

특수부대의 탄생 배경, 종류, 규모, 각종 임무, 그들만의 특수한 장비. 어떠한 상황에서도 살아남기 위한 생존 기술까지 모든 것을 보여주는 책. 왜 그들이 스페셜리스트인지 알게 될 것이다.

No. 28 도해 서양화

다나카 쿠미코 지음 | 김상호 옮김 | 160쪽 | 13,000원

서양화의 변천사와 포인트를 한눈에!

르네상스부터 근대까지, 시대를 넘어 사랑받는 명작 84점을 수록. 각 작품들의 배경과 특징, 그림에 담겨있는 비유적 의미와 기법 등. 감상 포인트를 명쾌하게 해설하였으며, 더욱 깊은 이해를 위한 역사와 종교 관련 지식까지 담겨있다.

No. 29 도해 갑자기 그림을 잘 그리게 되는 법

나카야마 시게노부지음 | 이연희 옮김 | 204쪽 | 13,000원

멋진 일러스트의 초간단 스킬 공개!

투시도와 원근법만으로, 멋지고 입체적인 일러스트를 그릴 수 있는 방법! 그림에 대한 재능이 없다 생각 말고 읽어보자. 그림이 극적으로 바뀔 것이다.

No. 30 도해 사케

키미지마 사토시 지음 | 기미정 옮김 | 208쪽 | 13,000원

사케를 더욱 즐겁게 마셔 보자!

선택 법, 온도, 명칭, 안주와의 궁합, 분위기 있게 마시는 법 등. 사케의 맛을 한층 더 즐길 수 있는 모든 지식이 담겨 있다. 일본 요리의 거장이 전해주는 사케 입문서의 결정판.

No. 31 도해 흑마술

쿠사노 타쿠미 지음 | 곽형준 옮김 | 224쪽 | 13,000원

역사 속에 실존했던 흑마술을 총망라!

악령의 힘을 빌려 행하는 사악한 흑마술을 총망라한 책. 흑마술의 정의와 발전, 기본 법칙을 상세히 설명한다. 또한 여러 국가에서 행해졌던 흑마술 사건들과 관련 인물들을 소개한다.

No. 32 도해 현대 지상전

모리 모토사다 지음 | 정은택 옮김 | 220쪽 | 13,000원

아프간 이라크! 현대 지상전의 모든 것!!

저자가 직접, 실제 전장에서 활동하는 군인은 물론 민간 군사기업 관계자들과도 폭넓게 교류하면서 얻은 정보들을 아낌없이 공개한 책. 현대전에 투입되는 지상전의 모든 것을 해설한다.

No. 33 도해 건파이트

오나미 아츠시 지음 | 송명규 옮김 | 232쪽 | 13,000원

총격전에서 일어나는 상황을 파헤친다!

영화, 소설, 애니메이션 등에서 볼 수 있는 총격전, 그 장면들은 진짜일까? 실전에서는 총기를 어떻게 다루고, 어디에 몸을 숨겨야 할까. 자동차 추격전에서의 대처법 등 건 액션의 핵심 지식.

No. 34 도해 마술의 역사

쿠사노 타쿠미 지음 | 김진아 옮김 | 224쪽 | 13,000원

마술의 탄생과 발전 과정을 알아보자!

고대에서 현대에 이르기까지 마술은 문화의 발전과 함께 널리 퍼져나갔으며, 다른 마술과 접촉하면서 그 깊이를 더해왔다. 마술의 발생시기와 장소, 변모 등 역사와 개요를 상세히 소개한다.

No. 35 도해 군용 차량

노가미 아키토 지음 | 오광웅 옮김 | 228쪽 | 13,000원

지상의 왕자, 전차부터 현대의 바퀴달린 사역마까지!!

전투의 핵심인 전투 차량부터 눈에 띄지 않는 무대에서 묵묵히 임무를 다하는 각종 지원 차량까지. 각자 맡은 임무에 충실하도록 설계되고 고안된 군용 차량만의 다채로운 세계를 소개한다.

No. 36 도해 첩보·정찰 장비

사카모토 아키라 지음 | 문성호 옮김 | 228쪽 | 13,000원

승리의 열쇠 정보! 정보전의 모든 것!

소음총, 소형 폭탄, 소형 카메라 및 통신기 등 영화에서나 등장할 법한 첩보원들의 특수장비부터 정찰 위성에 이르기까지 첩보 및 정찰 장비들을 400점의 사진과 일러스트로 설명한다.

No. 37 도해 세계의 잠수함

사카모토 아키라 지음 | 류재학 옮김 | 242쪽 | 13,000원

바다를 지배하는 침묵의 자객, 잠수함.

잠수함은 두 번의 세계대전과 냉전기를 거쳐, 최첨단 기술로 최신 무장시스템을 갖추었다. 원리와 구조, 승조원의 훈련과 임무, 생활과 전투 방법 등을 사진과 일러스트로 철저히 해부한다.

No. 38 도해 무녀

토키타 유스케 지음 | 송명규 옮김 | 236쪽 | 13,000원

무녀와 샤머니즘에 관한 모든 것!

무녀의 기원부터 시작하여 일본의 신사에서 치르고 있는 각종 의식, 그리고 델포이의 무녀, 한국의 무당을 비롯한 세계의 샤머니즘과 각종 종교를 106가지의 소주제로 분류하여 해설한다!

No. 39 도해 세계의 미사일 로켓 병기

사카모토 아키라 지음 | 유병준·김성훈 옮김 | 240쪽 | 13,000원

ICBM부터 THAAD까지!

현대전의 진정한 주역이라 할 수 있는 미사일. 보병이 휴대하는 대전차 로켓부터 공대공 미사일, 대륙간 탄도탄, 그리고 근래 들어 언론의 주목을 받고 있는 ICBM과 THAAD까지 미사일의 모든 것을 해설한다.

No. 40 독과 약의 세계사

후나야마 신지 지음 | 진정숙 옮김 | 292쪽 | 13,000원

독과 약의 차이란 무엇인가?

화학물질을 어떻게 하면 유용하게 활용할 수 있는가 하는 것은 인류에 있어 중요한 과제 가운데 하나라 할 수 있다. 독과 약의 역사, 그리고 우리 생활과의 관계에 대하여 살펴보도록 하자.

No. 41 영국 메이드의 일상

무라카미 리코 지음 | 조아라 옮김 | 460쪽 | 13,000원

가사 노동자이며 직장 여성의 최대 다수를 차지했던 메이드의 일과 생활을 통해 영국의 다른 면을 살펴본다. 『엠마 빅토리안 가이드』의 저자 무라카미 리코의 빅토리아 시대 안내서.

No. 42 영국 집사의 일상

무라카미 리코 지음 | 기미정 옮김 | 292쪽 | 13,000원

집사, 남성 가사 사용인의 모든 것!

Butler, 즉 집사로 대표되는 남성 상급 사용인. 그들은 어떠한 일을 했으며 어떤 식으로 하루를 보냈을까? 『엠마 빅토리안 가이드』의 저자 무라카미 리코의 빅토리안 시대 안내서 제2탄.

No. 43 중세 유럽의 생활

가와하라 아쓰시 외 1인 지음 | 남지연 옮김 | 260쪽 | 13,000원

새롭게 조명하는 중세 유럽 생활사

철저히 분류되는 중세의 신분. 그 중 『일하는 자』의 일상생활은 어떤 것이었을까? 각종 도판과 사료를 통해, 중세 유럽에 대해 알아보자.

No. 44 세계의 군복

사카모토 아키라 지음 | 진정숙 옮김 | 130쪽 | 13,000원

세계 각국 군복의 어제와 오늘!!

형태와 기능미가 절묘하게 융합된 의복인 군복. 제2차 세계대전에서 현대에 이르기까지, 각국의 전투복과 정복 그리고 각종 장구류와 계급장, 훈장 등, 군복만의 독특한 매력을 느껴보자!

No. 45 세계의 보병장비

사카모토 아키라 지음 | 이상언 옮김 | 234쪽 | 13,000원

현대 보병장비의 모든 것!

군에 있어 가장 기본이 되는 보병! 개인화기, 전투복, 군장, 전투식량. 그리고 미래의 장비까지. 제2차 세계대전 이후 눈부시게 발전한 보병 장비와 현대전에 있어 보병이 지닌 의미에 대하여 살펴보자.

No. 46 해적의 세계사

모모이 지로 지음 | 김효진 옮김 | 280쪽 | 13,000원

「영웅」인가, 「공적」인가?

지중해, 대서양, 카리브해, 인도양에서 활동했던 해적을 중심으로, 영웅이자 약탈자, 정복자, 야심가 등 여러 시대에 걸쳐 등장했던 다양한 해적들이 세계사에 남긴 발자취를 더듬어본다.

No. 47 닌자의 세계

야마키타 아츠시 지음 | 송명규 옮김 | 232쪽 | 13,000원

실제 닌자의 활약을 살펴본다!

어떠한 임무라도 완수할 수 있도록 닌자는 온갖 지혜를 짜내며 궁극의 도구와 인술을 만들어냈다. 과연 닌자는 역사 속에서 어떤 활약을 펼쳤을까.

No. 48 스나이퍼

오나미 아츠시 지음 | 이상언 옮김 | 240쪽 | 13,000원

스나이퍼의 다양한 장비와 고도의 테크닉!

아군의 절체절명 위기에서 한 끗 차이의 절묘한 타이밍으로 전세를 역전시키기도 하는 스나이퍼의 세계를 알아본다.

No. 49 중세 유럽의 문화

이케가미 쇼타 지음 | 이은수 옮김 | 256쪽 | 13,000원

심오하고 매력적인 중세의 세계!

기사, 사제와 수도사, 음유시인에 숙녀, 그리고 농민과 상인과 기술자들. 중세 배경의 판타지 세계에서 자주 보았던 그들의 리얼한 생활을 풍부한 일러스트와 표로 이해한다!

환상 네이밍 사전

신키겐샤 편집부 지음 | 유진원 옮김 | 288쪽 | 14,800원

의미 없는 네이밍은 이제 그만!

운명은 프랑스어로 무엇이라고 할까? 독일어, 일본어로는? 중국어로는? 더 나아가 이탈리아어, 러시아어, 그리스어, 라틴어, 아랍어에 이르기까지. 1,200개 이상의 표제어와 11개국어, 13,000개 이상의 단어를 수록!!

중2병 대사전

노무라 마사타카 지음 | 이재경 옮김 | 200쪽 | 14,800원

이 책을 보는 순간, 당신은 이미 궁금해하고 있다!

사춘기 청소년이 행동할 법한, 손발이 오그라드는 행동이나 사고를 뜻하는 중2병. 서브컬쳐 작품에 자주 등장하는 중2병의 의미와 기원 등. 102개의 항목에 대해 해설과 칼럼을 곁들여 알기 쉽게 설명한다.

크툴루 신화 대사전

고토 카츠 외 1인 지음 | 곽형준 옮김 | 192쪽 | 13,000원

신화의 또 다른 매력, 무한한 가능성!

H.P. 러브크래프트를 중심으로 여러 작가들의 설정이 거대한 세계관으로 자리잡은 크툴루 신화. 현대 서브 컬쳐에 지대한 영향을 끼치고 있다. 대중 문화 속에 알게 모르게 자리 잡은 크툴루 신화의 요소를 설명하는 본격 해설서.

문양박물관

H. 돌메치 지음 | 이지은 옮김 | 160쪽 | 8,000원

세계 문양과 장식의 정수를 담다!

19세기 독일에서 출간된 H.돌메치의 「장식의 보고」를 바탕으로 제작된 책이다. 세계 각지의 문양 장식을 소개한 이 책은 이론보다 실용에 초점을 맞춘 입문서. 화려하고 아름다운 전 세계의 문양을 수록한 실용적인 자료집으로 손꼽힌다.

고대 로마군 무기·방어구·전술 대전

노무라 마사타카 외 3인 지음 | 기미정 옮김 | 224쪽 | 13,000원

위대한 정복자, 고대 로마군의 모든 것!

부대의 편성부터 전술, 장비 등, 고대 최강의 군대라 할 수 있는 로마군이 어떤 집단이었는지 상세하게 분석하는 해설서. 압도적인 군사력으로 세계를 석권한 로마 제국. 그 힘의 전모를 철저하게 검증한다.

중세 유럽의 무술, 속 중세 유럽의 무술

오사다 류타 지음 | 남유리 옮김 | 각 권 672쪽~624쪽 | 각 권 29,000원

본격 중세 유럽 무술 소개서!

막연하게만 떠오르는 중세 유럽~르네상스 시대에 활약했던 검술과 격투술의 모든 것을 담은 책. 영화 등에서만 접할 수 있었던 유럽 중세시대 무술의 기본이념과 자세, 방어, 보법부터, 시대를 풍미한 각종 무술까지, 일러스트를 통해 알기 쉽게 설명한다.

도감 무기 갑옷 투구

이치카와 사다하루 외 3인 지음 | 남지연 옮김 | 448쪽 | 29,000원

역사를 망라한 궁극의 군장도감!

고대로부터 무기는 당시 최신 기술의 정수와 함께 철학과 문화, 신념이 어우러져 완성되었다. 이 책은 그러한 무기들의 기능, 원리, 목적 등과 더불어 그 기원과 발전 양상 등을 그림과 표를 통해 알기 쉽게 설명하고 있다. 역사상 실재한 무기와 갑옷, 투구들을 통사적으로 살펴보자!

최신 군용 총기 사전

토코이 마사미 지음 | 오광웅 옮김 | 564쪽 | 45,000원

세계 각국의 현용 군용 총기를 총망라!

주로 군용으로 개발되었거나 군대 또는 경찰의 대테러부대처럼 중무장한 조직에 배치되어 사용되고 있는 소화기가 중점적으로 수록되어 있으며, 이외에도 각 제작사에서 국제 군수시장에 수출할 목적으로 개발, 시제품만이 소수 제작되었던 총기류도 함께 실려 있다.

초패미컴, 초초패미컴

타네 키요시 외 2인 지음 | 문성호 외 1인 옮김 | 각 권 360, 296쪽 | 각 14,800원

게임은 아직도 패미컴을 넘지 못했다!

패미컴 탄생 30주년을 기념하여, 1983년 「동키콩」부터 시작하여, 1994년 「타카하시 명인의 모험도 IV」까지 총 100여 개의 작품에 대한 리뷰를 담은 영구 소장판. 패미컴과 함께했던 아련한 추억을 간직하고 있는 모든 이들을 위한 책이다.

초쿠소게 1,2

타네 키요시 외 2인 지음 | 문성호 옮김 |
각 권 224, 300쪽 | 권 권 14,800원

망작 게임들의 숨겨진 매력을 재조명!

『쿠소게クソゲー』란 '똥-クソ'과 '게임-Game'
의 합성어로, 어감 그대로 정말 못 만들고
재미없는 게임을 지칭할 때 사용되는 조어
이다. 우리말로 바꾸면 망작 게임 정도가 될
것이다. 레트로 게임에서부터 플레이스테이
션3까지 게이머들의 기대를 보란듯이 저버
렸던 수많은 쿠소게들을 총망라하였다.

서양 건축의 역사

사토 다쓰키 지음 | 조민경 옮김 | 264쪽 | 14,000원

서양 건축사의 결정판 가이드 북!

건축의 역사를 살펴보는 것은 당시 사람들
의 의식을 들여다보는 것과도 같다. 이 책
은 고대에서 중세, 르네상스기로 넘어오며 탄생한 다양
한 양식들을 당시의 사회, 문화, 기후, 토질 등을 바탕으
로 해설하고 있다.

초에로게, 초에로게 하드코어

타네 키요시 외 2인 지음 | 이은수 옮김 |
각 권 276쪽, 280쪽 | 각 권 14,800원

명작 18금 게임 총출동!

에로게란 '에로-エロ'와 '게임-Game'의 합성어
로, 말 그대로 성적인 표현이 담긴 게임을 지
칭한다. '에로게 헌터'라 자처하는 베테랑 저자
들의 엄격한 심사(?)를 통해 선정된 '명작 에
로게'들에 대한 본격 리뷰집!!

세계의 건축

코우다 미노루 외 1인 지음 | 조민경 옮김 | 256쪽 |
14,000원

고품격 건축 일러스트 자료집!

시대를 망라하여, 건축물의 외관 및 내부의
장식을 정밀한 일러스트로 소개한다. 흔히 보이는 풍경
이나 딱딱한 도시의 건축물이 아닌, 고풍스러운 건물들
을 섬세하고 세밀한 선화로 표현하여 만화, 일러스트 자
료에 최적화된 형태로 수록하고 있다

세계의 전투식량을 먹어보다

키쿠즈키 토시유키 지음 | 오광웅 옮김 | 144쪽 | 13,000원

**전투식량에 관련된 궁금증을 이 한권으로
해결!**

전투식량이 전장에서 자리를 잡아가는 과
정과, 미국의 독립전쟁부터 시작하여 역사 속 여러 전쟁
의 전투식량 배급 양상을 살펴보는 책. 식품부터 식기까
지, 수많은 전쟁 속에서 전투식량이 어떠한 모습으로 등
장하였고 병사들은 이를 어떻게 취식하였는지, 흥미진진
한 역사를 소개하고 있다.

지중해가 낳은 천재 건축가
-안토니오 가우디

이리에 마사유키 지음 | 김진아 옮김 | 232쪽 | 14,000원

천재 건축가 가우디의 인생, 그리고 작품

19세기 말~20세기 초의 카탈루냐 지역 및
그의 작품들이 지어진 바르셀로나의 지역사, 그리고 카
사 바트요, 구엘 공원, 사그라다 파밀리아 성당 등의 작품
들을 통해 안토니오 가우디의 생애를 본격적으로 살펴본
다.

세계장식도 Ⅰ, Ⅱ

오귀스트 라시네 지음 | 이지은 옮김 | 각 권 160쪽 |
각 권 8,000원

공예 미술계 불후의 명작을 농축한 한 권!

19세기 프랑스에서 가장 유명한 디자이너
였던 오귀스트 라시네의 대표 저서 『세계장
식 도집성』에서 인상적인 부분을 뽑아내 콤
팩트하게 정리한 다이제스트판. 공예 미술
의 각 분야를 포괄하는 내용을 담은 책으로,
방대한 예시를 더욱 정교하게 소개한다.

민족의상 1,2

오귀스트 라시네 지음 | 이지은 옮김 |
각 권 160쪽 | 각 권 8,000원

화려하고 기품 있는 색감!!

디자이너 오귀스트 라시네의 『복식사』 전 6
권 중에서 민족의상을 다룬 부분을 바탕으
로 제작되었다. 당대에 정점에 올랐던 석판
인쇄 기술로 완성되어, 시대가 흘렀음에도
그 세세하고 풍부하고 아름다운 색감이 주
는 감동은 여전히 빛을 발한다.

중세 유럽의 복장
오귀스트 라시네 지음 | 이지은 옮김 | 160쪽 | 8,000원
고품격 유럽 민족의상 자료집!!
19세기 프랑스의 유명한 디자이너 오귀스트 라시네가 직접 당시의 민족의상을 그린 자료집. 유럽 각지에서 사람들이 실제로 입었던 민족의상의 모습을 그대로 풍부하게 수록하였다. 각 나라의 특색과 문화가 담겨 있는 민족의상을 감상할 수 있다.

그림과 사진으로 풀어보는 이상한 나라의 앨리스
구와바라 시게오 지음 | 조민경 옮김 | 248쪽 | 14,000원
매혹적인 원더랜드의 논리를 완전 해설!
산업 혁명을 통한 눈부신 문명의 발전과 그 그늘. 도덕주의와 엄숙주의, 위선과 허영이 병존하던 빅토리아 시대는 『원더랜드』의 탄생과 그 배경으로 어떻게 작용했을까? 순진 무구한 소녀 앨리스가 우연히 발을 들인 기묘한 세상의 완전 가이드북!!

그림과 사진으로 풀어보는 알프스 소녀 하이디
지바 가오리 외 지음 | 남지연 옮김 | 224쪽 | 14,000원
하이디를 통해 살펴보는 19세기 유럽사!
『하이디』라는 작품을 통해 19세기 말의 스위스를 알아본다. 또한 원작자 슈피리의 생애를 교차시켜 『하이디』의 세계를 깊이 파고든다. 『하이디』를 읽을 사람은 물론, 작품을 보다 깊이 감상하고 싶은 사람에게 있어 좋은 안내서가 되어줄 것이다.

영국 귀족의 생활
다나카 료조 지음 | 김상호 옮김 | 192쪽 | 14,000원
영국 귀족의 우아한 삶을 조명하다
현대에도 귀족제도가 남아있는 영국. 귀족이 영국 사회에서 어떠한 의미를 가지고 또 기능하는지, 상세한 설명과 사진자료를 통해 귀족 특유의 화려함과 고상함의 이면에 자리 잡은 책임과 무게, 귀족의 삶 깊숙한 곳까지 스머든 '노블레스 오블리주'의 진정한 의미를 알아보자.

요리 도감
오치 도요코 지음 | 김세원 옮김 | 384쪽 | 18,000원
요리는 힘! 삶의 저력을 키워보자!!
이 책은 부모가 자식에게 조곤조곤 알려주는 요리 조언집이다. 처음에는 요리가 서툴고 다소 귀찮게 느껴질지 모르지만, 약간의 요령과 습관만 익히면 스스로 요리를 완성한다는 보람과 매력, 그리고 요리라는 삶의 지혜에 눈을 뜨게 될 것이다.

사육 재배 도감
아라사와 시게오 지음 | 김민영 옮김 | 384쪽 | 18,000원
동물과 식물을 스스로 키워보자!
생명을 돌보는 것은 결코 쉬운 일이 아니다. 꾸준히 손이 가고, 인내심과 동시에 책임감을 요구하기 때문이다. 그럴 때 이 책과 함께 한다면 어떨까? 살아있는 생명과 함께하며 성숙해진 마음은 그 무엇과도 바꿀 수 없는 보물로 남을 것이다.

식물은 대단하다
다나카 오사무 지음 | 남지연 옮김 | 228쪽 | 9,800원
우리 주변의 식물이 지닌 놀라운 힘!
오랜 세월에 걸쳐 거목을 말려 죽이는 교살자 무화과나무, 딱지를 만들어 몸을 지키는 바나나 등 식물이 자신을 보호하는 아이디어, 환경에 적응하여 살아가기 위한 구조의 대단함을 해설한다. 동물은 흉내 낼 수 없는 식물의 경이로운 능력을 알아보자.

그림과 사진으로 풀어보는 마녀의 약초상자
니시무라 유코 지음 | 김상호 옮김 | 220쪽 | 13,000원
「약초」라는 키워드로 마녀를 추적하다!
정체를 알 수 없는 약물을 제조하거나 저주와 마술을 사용했다고 알려진 「마녀」란 과연 어떤 존재였을까? 그들이 제조해온 마법약의 재료와 제조법. 마녀들이 특히 많이 사용했던 여러 종의 약초와 그에 얽힌 이야기들을 통해 마녀의 비밀을 알아보자.

초콜릿 세계사-근대 유럽에서 완성된 갈색의 보석
다케다 나오코 지음 | 이지은 옮김 | 240쪽 | 13,000원
신비의 약이 연인 사이의 선물로 자리 잡기까지의 역사!
원산지에서 「신의 음료」라고 불렸던 카카오. 유럽 탐험가들에 의해 서구 세계에 알려진 이래, 19세기에 이르러 오늘날의 형태와 같은 초콜릿이 탄생했다. 전 세계로 널리 퍼질 수 있었던 초콜릿의 흥미진진한 역사를 살펴보자.

초콜릿어 사전
Dolcerica 가가와 리카코 지음 | 이지은 옮김 | 260쪽 | 13,000원
사랑스러운 일러스트로 보는 초콜릿의 매력!
나른해지는 오후, 기력 보충 또는 기분 전환 삼아 한 조각 먹게 되는 초콜릿. 『초콜릿어 사전』은 초콜릿의 역사와 종류, 제조법 등 기본 정보와 관련 용어 그리고 그 해설을 유머러스하면서도 사랑스러운 일러스트와 함께 싣고 있는 그림 사전이다.

판타지세계 용어사전

고타니 마리 감수 | 전홍식 옮김 | 248쪽 | 18,000원

판타지의 세계를 즐기는 가이드북!

온갖 신비로 가득한 판타지의 세계. 『판타
지세계 용어사전』은 판타지의 세계에 대한
이해를 돕고 보다 깊이 즐길 수 있도록, 세계 각국의 신
화, 전설, 역사적 사건 속의 용어들을 뽑아 해설하고 있으
며, 한국어판 특전으로 역자가 엄선한 한국 판타지 용어
해설집을 수록하고 있다.

세계사 만물사전

헤이본사 편집부 지음 | 남지연 옮김 | 444쪽 | 25,000원

우리 주변의 교통 수단을 시작으로, 의복,
각종 악기와 음악, 문자, 농업, 신화, 건축물
과 유적 등, 고대부터 제2차 세계대전 종전
이후까지의 각종 사물 약 3000점의 유래와 그 역사를
상세한 그림으로 해설한다.

고대 격투기

오사다 류타 지음 | 남지연 옮김 | 264쪽 | 21,800원

고대 지중해 세계의 격투기를 총망라!

레슬링, 복싱, 판크라티온 등의 맨몸 격투술
에서 무기를 활용한 전투술까지 풍부하게
수록한 격투 교본. 고대 이집트·로마의 격투술을 일러스
트로 상세하게 해설한다.

지은이 **이케가미 슌이치**(池上俊一)

1956년 출생. 도쿄대학 문학부 졸업 후, 동 대학 대학원 인문과학연구과 박사과정 서양사학 전공 중퇴. 현재 도쿄대학 대학원 종합문화연구과 교수로 재직 중이다.

저서로 『동물 재판(動物裁判)』, 『놀이의 중세사(遊びの中世史)』, 『늑대인간 전설(狼男伝説)』, 『신체의 중세(身体の中世)』, 『로마네스크 세계론(ロマネスク世界論)』, 『유럽 중세의 종교 운동(ヨーロッパ中世の宗教運動)』, 『이탈리아 르네상스 재고 꽃의 도시와 알베르티(イタリア·ルネサンス再考 花の都とアルベルティ)』, 『파스타로 맛보는 이탈리아 역사(パスタでたどるイタリア史)』 등 다수가 있다.

옮긴이 **남지연**

인문학을 사랑하는 일본어 번역가. 한국외국어대학교 일본어과를 졸업하고 출판사에서 편집자로 재직하다 어린 시절부터 꿈이었던 프리랜서 번역가의 길에 들어섰다. 번역을 통해 외국의 유용한 정보와 지식을 국내 독자들에게 전달하는 데 보람을 느낀다. 독자들의 삶을 풍요롭게 하는 데 도움을 줄 수 있는 양질의 번역을 위해 오늘도 책을 읽으며 새로운 지식을 탐구하는 중이다. 특히 동서양 역사에 관심이 많으며 존경하는 인물은 제갈량. 옮긴 책으로는 『잉카의 세계를 알다』, 『프랑스 혁명』, 『도감 무기 갑옷 투구』, 『세계사 만물사전』 등이 있다.

AK Trivia Book 50

기사의 세계

초판 1쇄 인쇄 2018년 12월 10일
초판 1쇄 발행 2018년 12월 15일

저자 : 이케가미 슌이치
번역 : 남지연

펴낸이 : 이동섭
편집 : 이민규, 서찬웅, 탁승규
디자인 : 조세연, 백승주, 김현승
영업 · 마케팅 : 송정환
e-BOOK : 홍인표, 김영빈, 유재학, 최정수
관리 : 이윤미

㈜에이케이커뮤니케이션즈
등록 1996년 7월 9일(제302-1996-00026호)
주소 : 04002 서울 마포구 동교로 17안길 28, 2층
TEL : 02-702-7963~5 FAX : 02-702-7988
http://www.amusementkorea.co.kr

ISBN 979-11-274-2100-7 03920

ZUSETSU KISHI NO SEKAI
© SHUNICHI IKEGAMI 2012
Originally published in Japan in 2012 by KAWADE SHOBO SHINSHA Ltd. Publishers, TOKYO.
Korean translation rights arranged with KAWADE SHOBO SHINSHA Ltd. Publishers, TOKYO.
through TOHAN CORPORATION, TOKYO.

이 도서의 국립중앙도서관 출판예정도서목록(CIP)은 서지정보유통지원시스템 홈페이지(http://
seoji.nl.go.kr)와 국가자료공동목록시스템(http://www.nl.go.kr/kolisnet)에서 이용하실 수 있습니
다. (CIP제어번호: CIP2018037218)

*잘못된 책은 구입한 곳에서 무료로 바꿔드립니다.